Bernard Willms · Offensives Denken

Bernard Willms

Offensives Denken

Philosophie und Politik

Westdeutscher Verlag

CIP-Kurztitelaufnahme der Deutschen Bibliothek

Willms, Bernard
Offensives Denken: Philosophie u. Politik. – 1. Aufl. –
Opladen: Westdeutscher Verlag, 1978.
ISBN 3-531-11455-7

Satz: Vieweg, Wiesbaden
Druck: E. Hunold, Braunschweig
Buchbinder: W. Langelüddecke, Braunschweig

ISBN 3-531-11455-7

Vorbemerkung

Dieses Büchlein schlägt sich für die Philosophie, aber es ist möglich, daß die Philosophen das nicht schätzen. Sein Ton ist nicht vornehm. Es ist provoziert durch das verbreitete Gerede vom ‚Ende der Philosophie' einerseits sowie andererseits durch die ärgerliche Tatsache, daß dies Gerede angesichts des gegenwärtigen Zustandes der Philosophie eine Berechtigung zu haben scheint. Es hängt zusammen mit meinem Buch ‚Selbstbehauptung und Anerkennung'; der Polemik, die sich dort aus Gründen systematischer Strenge verbot, ist hier freier Lauf gelassen, die Programmatik, die hier nur angedeutet ist, ist dort ausgearbeitet.
Ich widme dieses Büchlein all den Freunden in der Philosophie, die mir begegnet sind seit ich vor genau zwanzig Jahren unter der Anleitung von Lehrern wie Heinz Heimsoeth und Joachim Ritter die ersten Schritte machte. Ich hoffe, daß auch nach dem Erscheinen von jenen Freunden einige übrig bleiben.

Bochum und Münster,
im Herbst 1977

Bernard Willms

Inhalt

Einleitung

Der Kernbereich aller Philosophie ist Politik.

Je weiter sich die Philosophie von diesem Kernbereich entfernt – in die Bereiche des rein Individuellen, des abstrakt Metaphysischen oder des bloß Formalistischen – desto unsicherer wird sie, desto weniger kann sie ihrer Aufgabe gerecht werden. Ihre Aufgabe aber ist es, die Wahrheit der menschlichen Existenz zur Sprache zu bringen.

Die Philosophie verhält sich zur Politik wie Antaios zur Erde. Nach dem Mythos war die Erde Antaios' Mutter, in der Berührung mit ihr erneuerte er ständig seine Kräfte.

In der Rückbesinnung auf den Kernbereich der Politik hätte die Philosophie eine Möglichkeit, wieder zu Kräften zu kommen.

Seit es Philosophie gibt, lebt sie von der Spannung zwischen der Ahnungslosigkeit, der Bewußtlosigkeit der bloß individuellen Praxis und der objektiv aufweisbaren Angewiesenheit, Abhängigkeit und Bedingtheit dieser Praxis von allgemeinen Zusammenhängen. Und sie lebt von der Anstrengung einzelner, ungedeckt und von sich her ihre Denk- und Welterfahrung in dieser Spannung gegen eine Welt von ‚schlechter Wirklichkeit' durchzuhalten und geltend zu machen – 'enfant perdu' oder nicht.

Sokrates lief durch Athen und befragte die Bürger nach dem, was sie taten, nach ihrer spezifischen Tüchtigkeit, allgemeiner gesprochen, nach ihrer Tugend. Und da die Bürger Athens, wie die meisten Menschen, praktische Leute waren, erhielt Sokrates auch praktische Antworten. Der Handwerker wußte, daß seine Tugend, seine Tüchtigkeit, darin bestand, brauchbare Gegenstände des täglichen Bedarfs herzustellen, und sein Erfolg auf dem Markt lieferte ihm regelmäßig die Bestätigung oder die allgemeine Anerkennung dieser seiner Tugend. Der Hausvater wußte, wie man ein Haus oder eine Familie zu leiten hatte, die Mutter wußte, wie man Kinder aufzieht, der Soldat wußte, daß als seine Tugend Tapferkeit von ihm erwartet wurde. Die wirkliche Ausübung aller dieser verschiedenen Berufe oder dieser verschiedenen Lebensvollzüge war angewiesen auf, abhängig von und bedingt durch die Gesamtheit des Lebens dieser Gesellschaft. Sokrates, der Philosoph, sah nun seinen spezifischen Beruf darin, z.B. nach der allgemeinen Bedeutung von Tugend überhaupt zu fragen.

Sieht man von den Einzelberufen der Befragten ab, so bleibt übrig, daß sie alle Bürger waren und so konnte die allgemeine Frage nach der Tugend als die nach der Tugend des Bürgers schlechthin formuliert werden. Die allgemeine Antwort darauf war politisch, d.h. sie erfolgte aus dem begriffenen und aufweisbaren Zusammenhang des ganzen Gemeinwesens, das damals ‚Polis' hieß. Die Philosophie brauchte die Menschen nicht darüber zu belehren, was ihre Interessen waren, aber sie konnte ihnen zeigen, was sie eigentlich taten, d.h. wie ihre Praxis in allgemeinen Zusammenhängen stand. Und wenn die allgemeinen Zusammenhänge als Ganze richtig erkannt und in zusammenhängenden Sätzen einsichtig demonstriert waren, dann konnte die Philosophie von daher den Menschen auch sagen, was sie ‚eigentlich' tun sollten. Alle menschliche Praxis kann schlecht, mittelmäßig oder gut gemacht werden; so viel Individuen es gibt, so viel Arten von Praxis gibt es, und so viel Arten von Praxis es gibt, so viel Arten von Abweichungen oder Arten von Annäherung an die Tugend, die richtige Praxis oder das gute Leben gibt es. Sie alle bestimmen sich aber nach dem allgemeinen Begriff und Allgemeinheit erhielt jeder Begriff nur aus dem demonstrierten Zusammenhang des Ganzen der wirklichen, d.h. der politischen Verhältnisse, der Verhältnisse der ‚Polis'.

Es war unausweichlich, daß mit der Auflösung des festen Bezugsrahmens der ‚Polis' im Hellenismus und der Erweiterung des Horizonts der Menschen auf ‚Reiche', ‚Großreiche' und ‚Weltreiche', die philosophische Frage nach dem Wesen des Bürgers, deren Antwort die begriffene Polis war, sich schließlich in die nach dem Wesen ‚des Menschen' umwandelte. So kam die Philosophie von dem Gegensatz und dem Erklärungszusammenhang ‚Bürger-Polis' auf den von ‚Mensch-Menschheit': und von da an war in der Philosophie alles möglich. Denn ‚Menschheit' war durchaus nicht faßbar, sie war eine Abstraktion, sie konnte nicht von bestehender Wirklichkeit her begrifflich einsichtig gemacht, sondern nur mit Bezug auf je ausgedachte Hilfskonstruktionen systematisch demonstriert werden – ausdenkbar aber ist alles. So wurde die Geschichte der Philosophie auch zu einem Panorama von Absurditäten, aber sie blieb auf dem Wege und erreichte ihre Höhepunkte immer dann, wenn die historische Entwicklung ihr gestattete, und es ihr selbst gelang, ihre Allgemeinheiten wieder einmal politisch zu fassen. Auch dann aber bliebe immer noch das Problem des Verhältnisses von politischer Verwirklichung und ‚Menschheit', und die Philosophie würde die Möglichkeit, ihre Arbeit neu anzugehen, zurückgewinnen, wenn ‚Menschheit' als Ganze politisch geworden ist – dann freilich mit einer größeren Wahrheitschance als je zuvor, weil die Konkretheit des Politischen mit der größten denkbaren Allgemeinheit ‚Menschheit' zusammenfiele. Daß aber ‚Menschheit' politisch geworden ist, daß die Erde als Ganze zur allgemeinen Bezugsgröße geworden ist, ist in der Tat das Charakteristische unserer Gegenwart. Dies politisch und d.h. auch systematisch aufzuzeigen, ist nicht Aufgabe dieses Buches. (Dazu B. Willms: ‚Selbstbehauptung und Anerkennung'). Aber die Philosophie muß endlich begreifen, was es heißt, daß alle Politik heute objektiv Weltpolitik ist. Wie freilich kann man dies von einer Philosophie erwarten, die, belastet mit Menschheitsabstraktionen und bestimmt von Menschheitsideologien, längst verlernt hat, daß sie ihre Aufgabe nur wahrnehmen konnte und wahrnehmen kann, wenn sie politisch wird?

Philosophie lebt von der Spannung zwischen der Ahnungslosigkeit, der Bewußtlosigkeit der bloß individuellen Praxis und der objektiv aufweisbaren Angewiesenheit, Abhängigkeit und Bedingtheit dieser Praxis von allgemeinen Zusammenhängen. Sehen wir uns die Bewußtlosigkeiten politischer Praxis der Gegenwart an, die Bewußtlosigkeit hungernder und verelendeter Massen in dieser Welt, die Bewußtlosigkeit aber auch der vorwärtsgetriebenen, zu bloßen Instrumenten einer ‚fortschrittlichen' Entwicklung gemachten Massen, die Ahnungslosigkeiten der Wohlstandsgesellschaften, die bewußtlose Praxis rückwärtsorientierter Politiker, die Tyrannei, den Fanatismus, die hilflose Risikobereitschaft zur technischen Vernichtung, all dies in einer Gegenwart, in der der ‚Globus' zur ‚Polis' geworden ist, so schreit diese Spannung zum Himmel.

Die Menschheit hat allerdings gelernt, daß sie ihre allgemeinen Probleme nicht lösen kann, indem sie zum Himmel schreit, aber soviel ist sicher, die gegenwärtige Verfassung des Erdkreises schreit nach Philosophie. Nie war jene erfahrbare Spannung, aus der die Philosophie lebt, größer als jetzt, und angesichts dieser Befunde wirken die verschiedenen Aussagen über das ‚Ende der Philosophie' lächerlich oder erschreckend, je nach dem.

Wer Ohren hat zu hören, der höre, wie die Gemeinden nach dem Geist schreien. Das Elend der Philosophie ist es, ihr Herz zu verhärten, wenn sie diese Stimme hören, taub zu sein, oder sich taub zu stellen. Was Wunder, wenn die Steine, die sie anstatt Brotes ausgibt, niemand haben will. Noch schlimmer, wenn sie denen, die um Fisch bitten, Schlangen gibt. Die Lage der Philosophie ist in der Tat bestimmt von sterilen Steineklopfern und ideologischen Schlangenbeschwörern, aber so wie die Menschheit, so hat auch die Philosophie ein Gedächtnis. Und sie erinnert sich gelegentlich oder wird daran erinnert, daß es eigentlich ihre Aufgabe ist, die Wahrheit zur Sprache zubringen. ‚Was ist Wahrheit', höre ich den Pilatus vor, in, und nach der Geschichte fragen. Zum Elend der Philosophie gehört es auch, wie Pilatus zu fragen, die Frage des Pilatus für eine philosophische zu halten. Aber die Frage des Pilatus war bestimmt von der Ignoranz über die wirklichen Zusammenhänge des Falles, mit dem er konfrontiert war, und, schlimmer noch, von der Verachtung dieser Wirklichkeit gegenüber. Verweigert man sich aber den Herausforderungen der Wirklichkeit, mit denen man doch konfrontiert ist, so erkennt man die Wahrheit nicht, wenn sie auch vor einem stünde, die Kehrseite jener scheinphilosophischen Frage nach Wahrheit ist dann die Abstraktion der Gewalt: Kreuzigung, Ruhe und Ordnung, dumpfe, unbegriffene Wüste aus Steinen und Schlangen. Aber die Menschen wollen auf dieser Erde wohnen, von der sie leben müssen, und sie wollen auf ihr zuhause sein, als Menschen menschlich leben. Die Welt kann nur eine menschliche sein, wenn sie eine denkbare ist, bleibt, wird. Ein Philosoph ist ein Mensch, für den die Welt eine denkbare ist. Das bedeutet einen Zugriff auf die Welt, eine Auseinandersetzung mit der Wirklichkeit, einen Kampf mit Dornen und Disteln, eine menschliche Existenz, also eine Existenz in Arbeit. Das ist das Gegenteil von privilegierter Faulheit, von gelehrter Unverbindlichkeit, von weltflüchtiger Furchtsamkeit und intelligenter Selbstbefriedigung. Aufgabe der Philosophie ist es, ihren Beitrag zur Lebbarkeit von Welt zu leisten, indem sie sie denkbar hält – wenn man will, sie ‚interpretiert'. Nichts ist törichter, als den Satz: „Die Philosophen haben die Welt nur verschieden interpretiert, es kommt darauf an, sie zu verändern", als einen philosophischen zu nehmen oder gar als Chiffre einer ‚höheren' Wahrheit, in der Philosophie ‚aufgehoben' werden könne. Der Satz zeigt zunächst nichts anderes als eine durchaus individuelle Unzufriedenheit mit Philosophie, die philosophische Antwort darauf ist aber die Arbeit an besserer Philosophie. Diese Arbeit muß niemand auf sich nehmen und es steht jedem frei, lieber Brot backen zu wollen oder Zeitungsartikel zu schreiben oder eine Partei zu gründen. Abzufordern ist eine solche Arbeit, oder zumindest das deutliche Bemühen darum, aber von jenen, die sich Philosophen nennen und die als solche von der Gesellschaft einen Auftrag haben. Die Spannung zwischen diesem Auftrag, zwischen den gesellschaftlichen Erwartungen und dem, was da feilgeboten wird, ist vielleicht auch ein Teil jener Spannungen, aus denen Philosophie lebt. Freilich ist die Befassung mit dieser Spannung ebenso notwendig, wie sie zwar Philosophie voraussetzt, selbst aber noch nicht Philosophie ist.

In diesem Sinne ist diese Arbeit also nicht Philosophie, sondern nur Vorarbeit und Programm einer solchen. Sie handelt, um das Wort eines russischen Religionsphilosophen abzuwandeln, ‚von der Würde der Philosophie und der Unwürde der Philosophen!'

I. Steine und Schlangen

1. Die bezahlte Universitätsphilosophie

„Erst kommt das Fressen, dann kommt die Moral" sang Brecht; in der vornehmeren Fassung abendländischer Bildungswelt lautet der Spruch: „Primum vivere, deinde philosophari", – zunächst muß man leben können, dann kann philosophiert werden. Zunächst müssen die unmittelbaren Bedürfnisse des Lebens gestillt, muß auch ihre Befrieidigung irgendwie auf Dauer gestellt werden, bevor man ans Philosophieren denken kann. In verelendeten Gesellschaften, Gruppen, Schichten oder Klassen entsteht keine Philosophie, Wohlstandsverelendungen einbezogen. Deshalb gab es auch nie eine Philosophie des Proletariats, ebensowenig wie eine dementsprechende Kunst –, wenn man von dem Problem, ob und inwiefern es ‚das Proletariat' überhaupt gibt oder gab, einmal absieht. Philosophie ist deshalb eine Angelegenheit von feinen Leuten oder von Professionellen, nur Gesellschaften, deren Organisation Schichten oder Gruppen von unmittelbarer Arbeit freisetzt, können Philosophie erwarten.
Als Sokrates wegen Gottlosigkeit und Verführung der Jugend zum Tode verurteilt worden war, da akzeptierte er zwar dieses Urteil, weil er keine allgemeinere Instanz als seine Polis anerkannte, aber er konnte sich nicht enthalten, die Bemerkung zu machen, eigentlich schulde ihm die Polis den Dank einer lebenslangen öffentlichen Versorgung.

‚Der Tod des Sokrates' hat – zweifelsohne zurecht – auf die Philosophen der Nachwelt einen großen Eindruck gemacht, auch auf die, die Philosophen sein oder jedenfalls werden wollten. Es ist keine Gehässigkeit, wenn man darauf hinweist, daß, wenn dieser ‚Tod des Sokrates' mit soviel Verklärung umgeben wird, dann auch jene Forderung nach lebenslanger Versorgung ein erhebliches Gewicht erhält. So kann man sich darüber streiten, wieviel sich die Philosophie unserer Zeit vom sokratischen Geist bewahrt hat, aber man muß sich klar machen, daß von allen

Forderungen des Sokrates die nach der lebenslangen öffentlichen Versorgung der Philosophen in geradezu phantastischer Weise erfüllt ist. Nehmen wir unser Land, die Bundesrepublik Deutschland nur als – freilich besonders gut weggekommenes – Beispiel: An jeder Hochschule gibt es mindestens einen beamteten Philosophen, meistens mehrere, und versammeln sich diese, etwa bei den so beliebten Philosophenkongressen, auf einem Haufen, so wimmelt es von ihnen, sie treten sich gegenseitig auf die Füße. Philosophen sind nun aber Individualisten, und sind sie es nicht, so wollen sie es doch sein, weil sie – zurecht übrigens – annehmen, daß dies von ihnen erwartet wird. Treten Philosophen en masse auf, so wird die selbstbehauptende Abgrenzung unausweichlich zum Grundelement solcher Auftritte. Der Starke ist aber dann nicht am mächtigsten allein, sondern in der Gruppe, zu deren Stärkung dann mehr Anstrengung in Bezug auf Abgrenzung gehört, als die Anstrengung des Begriffs. Philosophenkongresse und überhaupt das Philosophieren wird in dieser heutigen Form von Richtungen, von Richtungsbildungen und Richtungskämpfen beherrscht, obwohl man den Eindruck haben kann, der wirklich relevante Unterschied sei nur der zwischen jenen, die eine Lebenszeitbeamtenstelle bereits erobert, und denen, die dies noch nicht erreicht haben – wozu eine ständig wachsende Anzahl von solchen kommt, die dies auch offenbar nicht erreichen werden. Es gibt zuviel Philosophen – und zuwenig Philosophie. Sehen wir einmal von den Schwierigkeiten der letzteren Gruppe ab, sowie davon, daß die Methoden, mit denen die fetten Pfründen auch in diesem Bereich angestrebt und vergeben werden, sicher ebenso dubios sein können, wie das bei fetten Pfründen überall und immer zu sein pflegt, so muß doch im Ganzen der schlagende Erfolg der Forderung Sokrates' festgestellt werden: Die Philosophen werden heute nicht mehr hingerichtet, sondern lebenslang gefüttert, samt Familie, und man kann nicht einmal sagen, daß sie dafür nun notwendigerweise abgerichtet würden, wie der Marquis von Keith es für unausweichlich hielt. Einmal im Pfühl der Pensionsberechtigung angelangt, können sie eigentlich machen was sie wollen, einschließlich einer lebenslangen Anstrengung, der Gesellschaft, die sie füttert, in den Hintern zu treten. Wenn Philosophen abgerichtet sind, dann haben sie dies selbst besorgt, etwa durch die Unterwerfung unter die Bedingungen für die Eroberung jener Pfründen.

Die Versuchung, kabarettistisch zu werden, ist angesichts dieses ganz spezifischen Jahrmarkts der Eitelkeiten sicher besonders groß, aber es geht nicht darum, sich und andere auf Kosten einer beamteten Philosophie lustig zu machen, die immerhin noch da am besten ist, wo der Wurm des Selbstzweifels an ihrem philosophischen Gewissen nagt, sei es auch, daß diese Beunruhigung nur darauf zurückzuführen ist, daß jemand an den Beinen der Lehrstühle herumsägt. Alles in allem hat die Philosophie es in dieser Hinsicht – öffentlicher Versorgung – also herrlich weit gebracht. Dabei verschweigt man allerdings besser, daß Sokrates' Forderung nach öffentlicher Versorgung kurzgeschlossen war mit der nach öffentlichem Ansehen der Philosophie – genau dieser Zusammenhang ist heute gestört; das Verhältnis ist eher umgekehrt proportional. Jedenfalls aber ist die Luft, die man den beamteten Philosophen zu atmen gibt, vielleicht dünn, aber das Klima ist alles andere als streng. Wir wollen noch einen Blick darauf werfen, wie den Philosophen dieses Schonklima bekommt.

Die Umgebung des Philosophischen Lehrstuhls, das, was früher das philosophische Seminar hieß, hat in allen Universitäten eine eigene Atmosphäre, die zwar je nach Richtung marginal differenziert ist – am Lehrstuhl A trägt man Pfeife und Rollkragenpulli, am Lehrstuhl B Schlips und am Lehrstuhl C Tee und Nichtrauchen – aber gemeinsame Züge aufweist. Da philosophische Seminare unter dem Gesichtspunkt gesellschaftlicher Nutzeffekte quasi exterritorial sind, sammeln sich an ihnen junge Leute, die aussehen wie die sensiblen Intellektuellen, die sie sind, und ältere Leute, die aussehen wie sensible Intellektuelle, die es zu etwas gebracht haben, oder eben wie frustrierte ältere Intellektuelle. Der gesellschaftliche Schonraumcharakter, den das philosophische Seminar darstellt, macht es zu einer Oase für Schöne Seelen, Schöne Geister und andere sonderliche Psychen, die alle hier ihren Platz finden können, falls sie nur einen bestimmten Intelligenzgrad aufweisen. Häufig genügt auch eine unglückliche Liebe zum Hohen und Erhabenen, verbunden mit verbissenem Fleiß oder auch bloß quengelnder Zähigkeit. Natürlich darf man den Prozentsatz echter Wahrheitssucher nicht vergessen, aber ‚alle wahrhaft Suchenden werden enttäuscht', wie Brecht wiederum sagte, und in Bezug auf diese gilt im philosophischen Seminar dann möglicherweise in der Tat häufig die Alternative, abgerichtet oder hingerichtet zu werden, was nicht selten zu individuellen Tragödien führt.

Aber es geht nicht um individuelle Tragödien, wie es denn hier überhaupt nicht auf individuelle Charakterisierungen ankommt. Es geht hier darum, einige professionelle Verbiegungen der intellektuellen Attitüden und Denkhaltungen aufzuzeigen, die für die beamtete Seminarphilosophie typisch sind. Nicht um die Psychologie und auch nicht um die Soziologie des philosophischen Berufsbeamtentums geht es – beides hochinteressante Gegenstände –, sondern um die Skizzierung einiger typischer Denkhaltungen als Erscheinungsweise gegenwärtigen Philosophierens.

Kein Mensch kann ununterbrochen nach Wahrheit suchen, das wäre viel zu anstrengend. Stellt man den Philosophen und denen, die es werden wollen, den Schonraum des philosophischen Seminars zur Verfügung, so werden sie sich darin auch mit anderen Bedürfnissen einrichten als mit dem der Suche nach Wahrheit. Auch diese Welt muß für diejenigen, die in ihr leben, eben lebbar sein, und ihr Schonklima fordert natürlich die geistig-seelische Schmücke-dein-Heim-Mentalität geradezu heraus. Diese Herausforderung wird notwendigerweise verstärkt, wenn wir die Bedingungen auf der Seite der Individuen noch einmal ins Auge fassen. Philosophie ist eine extrem unnatürliche Bewußtseinshaltung, wie der Philosoph Fichte erkannte, das philosophierende Individuum muß notwendig unter dem Unverständnis seiner Umwelt leiden. Wie bei sensiblen Intelligenzen nicht anders zu erwarten, verstärken die Probleme protrahierter Pubertät und Adoleszenz jene Anpassungsschwierigkeiten, und unausweichlich wird das philosophische Seminar im weiteren Sinne kompensatorisch in Anspruch genommen. Es entsteht eine Atmosphäre verletzlicher Sensibilität und gegenseitiger Anpassung daran, ein Klima von Empfindlichkeit und Entgegenkommen, eine

Oase gruppen- oder schulspezifischer Nestwärme, aber auch die Ausbreitung altfemininer Attitüden von Schwatzhaftigkeit, Eifersüchtelei, Vertrauensseligkeit und entsprechender Enttäuschungen. Hinzu kommen natürlich, wie überall in der Welt, die spezifische Hackordnung und jene Konkurrenz um schließliche Positionen, die durch mangelnde Robustheit ebenso gemildert wird, wie sie durch die spezifische Giftigkeit der Schwäche ihren besonderen Ton erhält. Prämien stehen zunächst nicht unbedingt auf objektiver Leistung, sondern auf gelungener subjektiver Selbstdarstellung, Interessantheit und Amüsanz, auch auf Informiertheit, Beschlagenheit und dem Herbeischaffen entlegener und verblüffender Beispiele, auf allusivem Stil, auf Ironie und Brillanz, gelegentlich auch auf Weinkennerschaft sowie auf Gourmandise überhaupt, auf Bildung sowieso, auf Besitz von Büchern und anderen Kulturgegenständen, immer aber auf der Fähigkeit zum Sammeln und zur Weitergabe jener Insiderinformationen, die man früher als solche ‚aus dem Nähkörbchen' bezeichnete.

Dies Klima kann risikofreudiger Wahrheitssuche ebenso wenig förderlich sein wie dem Wagnis systematischer Entwürfe, vielmehr wird der Denkstil in der Regel durch viererlei gekennzeichnet sein

– durch denkerische Timidität
– durch modisch-ästhetisierte Diskussion
– durch Richtungsbildung
– durch Scholastik.

Der Denkstil wird geprägt von dem Bedürfnis, sich im Bekannten aufzuhalten. Neue Wissensbereiche kann man nur die seinen nennen, wenn man sich ihnen mit unendlicher Sorgfalt genähert hat, eine zeitraubende Annäherung und Aneignung, bei der die bekannten Instrumente, Methoden und Vorgehungsweisen eine so bestimmende Rolle spielen, daß der Charakter des Neuen schließlich ganz verloren gehen kann, jedenfalls unter qualitativen Gesichtspunkten, nicht freilich unter dem quantitativen. Das Bedürfnis, sich im Bekannten aufzuhalten, das jene denkerische Timidität zur Folge hat, wird verstärkt durch die quantitative Verbreitung ähnlichen Philosophierens und die dadurch notwendige Rücksichtnahme und Berücksichtigung des jeweils neuesten Produktionsstandes. Die Vorsicht erzieht zum Mißtrauen in die eigene Spontaneität und zum unverhältnismäßigen Anteil von Rezeption, d.h. zum Lesen statt zum produktiven Denken. Da das philosophische Argument grundsätzlich keine Hierarchie und, in guter idealistischer Bildungstradition, keine Über- und Unterordnung kennt, muß sich Hackordnung an anderen Kriterien orientieren und das sind notwendigerweise solche der Quantität und des Lesevorsprungs, sprich, der Gelehrsamkeit. Folglich erscheint diese als allein bestimmender Wert, und verbleibt man in diesem Kreise, so wirken alle Faktoren verstärkend auf die Timidität des Denkens. Sie muß nun keineswegs mit der Attitüde augenniederschlagender, unbeholfener Schüchternheit zusammengehen, im Gegenteil. Die obengenannten positiv sanktionierten Qualitäten führen durchaus zur munteren, ja häufig forschen Diskussion aller möglichen Gegenstände. Timidität verursacht den Schwund substantieller Fragestellungen und radikaler Wahrheitssuche, die modisch-ästhetisierte Diskussion jedoch hat jene brillante Oberflächigkeit zur Folge, in der dann auch Radikalität wieder eine zeitlang als schick gelten kann.

Der Drang, sich im Bekannten und Vertrauten aufzuhalten, führt zum emsigen Ausbau des eigenen Nestes und zu seiner Verteidigung gegenüber anderen Territorien. Hier spielen Attitüden, die aus der Tierverhaltensforschung bekannt sind, eine manchmal groteske Rolle; die Richtungs- oder Schulbildung hat aber zwei Funktionen. Zum ersten ermöglicht sie die Auseinandersetzung; verschiedene Richtungen bedeuten Richtungskämpfe und diese vermitteln dann dem Philosophen sowie der staunenden Umwelt das Bewußtsein, daß sich etwas tut, daß im Fach doch noch etwas los ist. Mit Vorliebe wird dann von solchen unblutigen Fehden in einem gewalttätigen Jargon gesprochen – da ‚fliegen Fetzen' und werden Leute – nicht Bücher – ‚in der Luft zerrissen'. Diese sogenannte Auseinandersetzung, die nur in seltenen Fällen bedeutet, daß man sich auf das andere Denken wirklich einläßt, wirkt also zweitens stabilisierend auf die eigene Person oder den Ansatz, auf den man so stolz ist, weil man ihn doch braucht. So bewirkt die Richtungsbildung eine stetige Zunahme von Rigidität des Denkens.

Die schlimmste Erscheinung in diesem Denkbetrieb der gegenwärtigen Philosophie ist die Scholastik. Unter Scholastik im weiteren Sinne verstehe ich hier die Denkhaltung, die sich ihre Probleme nur noch von der Schule, und zwar von der eigenen Schule, aufgeben läßt. Damit hat die Philosophie dann jeden Anschluß an Wirklichkeit verloren und damit jede Möglichkeit, zu Wahrheit in irgendeinem noch so bescheidenen Sinne zu gelangen.

Die Timidität macht das Denken übervorsichtig, die modisch-ästhetisierende Diskussion macht es oberflächlich arrogant, die Richtungsbildung macht es rigide und die Scholastik bringt es um.

2. Steine

Wenn auch der einzelne philosophierende Intellektuelle recht häufig Schwierigkeiten mit der Produktion hat, so kommt doch bei der Masse der Philosophen und dem entsprechenden Konkurrenzdruck ein jährlicher Ausstoß von philosophischem Schrifttum in imponierender Höhe zustande.

Es geht nicht darum, diese Produktion nach Schulen, Richtungen oder Ansätzen inhaltlich zu referieren, zu kritisieren oder zu beurteilen. Ich will vielmehr versuchen, das, was heute in Forschung, Lehre und öffentlicher Selbstdarstellung als Philosophie im Schwange ist, unter dem Aspekt je charakteristischer Züge zu beschreiben, und es soll gezeigt werden, daß es Steine sind, die man uns als Brot anbietet.

Diese Steine aber sind die folgenden:

- Reflexion
- Logik
- Kritik
- Praxis
- Ubiquität und Erbaulichkeit

Man wird leicht die Reihenfolge in dieser Skala einsehen. Reflexion, Logik, Kritik sind ganz zweifellos zentrale Elemente des philosophischen Denkens, sie versteinern erst, wenn sie als diese für die Philosophie als solche ausgegeben werden. Hier kommt es also auf die Charakterisierung ihrer Entartung an. Hingegen bedarf die ‚Erbaulichkeit' am anderen Ende der Skala nur der zutreffenden Beschreibung, um deutlich zu machen, wie tief das Philosophieren gesunken ist.

– *Reflexion*

Reflexion oder Reflexivität ist zweifellos das vornehmste Moment in der Reihe. Reflexion ist der theoretische Ausdruck der ursprünglichen Selbstbezogenheit des Menschen. Anders als Tiere sind Menschen nie der Natur von der Natur her eingepaßt. Der Mensch verhält sich zu sich selbst, er erlebt seine Bedürfnisse als etwas, das er hat, sie werden ihm nicht von der Natur befriedigt, er muß sie zum Gegenstand planenden Verhaltens machen. So werden ihm die Bedürfnisse zu Interessen, die er wahrnehmen muß. Die Naturdinge werden ihm zu Dingen, zu Gegenständen, die zu haben nie selbstverständlich ist, und im Verhältnis zu denen als den ‚Objekten' er selbst zum ‚Subjekt' wird, d.h. zu dem, auf den er sie bezieht, im Hinblick worauf sie wahrgenommen werden. Ebensowenig wie das Naturverhältnis ist das gesellschaftliche Verhältnis selbstverständlich: Vor jede Tugend wie vor jedes Sattwerden wie vor jeden Frieden haben die Götter den Schweiß gesetzt. Die Praxis des Naturverhältnisses ist Arbeit, die Praxis des gesellschaftlichen Verhältnisses ist Politik. Und da Arbeit als erfolgreiche Selbstbehauptung der Menschen gegenüber der Natur nur gesellschaftlich möglich ist, ist, beiläufig bemerkt, Politik das systematisch Frühere zu aller menschlichen Praxis.

Die Zusammenhänge erhellen die Bedeutung von Reflexion ebenso wie sie ihre kritische Grenze deutlich machen. Die Praxis des individualisierenden Selbstbezugs ist das Interesse und seine Wahrnehmung; die theoretische Ausprägung dieses ursprünglichen Selbstbezuges ist die Reflexion.

Der ursprüngliche Selbstbezug ist, wie man leicht einsehen wird, sowohl der Grund für Entfremdung wie für Freiheit. Gerade im Hinblick auf Letzteres ist es aber wichtig zu sehen, daß dieser

Selbstbezug, in dem das Individuum seiner selbst ansichtig wird, in dem es sich praktisch und theoretisch selbst zum Gegenstand wird, jedenfalls zwei Bestimmungen hat. Es sind dies die Unbegrenztheit und die Abstraktheit. Bezieht sich das Individuum auf sich selbst – und in eben diesem Selbstbezug wird es Individuum –, so sieht es notwendigerweise von seiner Gesellschaftlichkeit ab, der Selbstbezug meint ja gerade dies, daß es sich, sich so erfahrend, eben nicht auf andere Individuen bezieht – Ursprung dessen, was die Philosophie ‚Negativität' nennt. Die Praxis des Selbstbezugs, der Abstraktheit als notwendiges Moment verwirklicht, ist aber im Verhältnis zu sich selbst von ihm selbst her unbegrenzt. Das ursprüngliche Verhältnis zu sich selbst begründet sowohl Erfahrung wie Zukünftigkeit, vor allem ist aber damit das nicht-Selbstverständliche, oder die Unsicherheit der individuellen Existenz gesetzt. Hobbes formulierte, daß der Mensch auch durch den zukünftigen Hunger schon hungrig werde: Hieraus ergibt sich die Unabschließbarkeit der Interessenwahrnehmung von ihr selbst her. Das Bestehenkönnen auf dem Recht der von ihr selbst her nicht begrenzten Interessenwahrnehmung ist ebenso die Voraussetzung von Freiheit, wie sie praktisch eine nicht lebbare Abstraktion ist. Hobbes schloß aus dieser theoretischen Einsicht auf einen ‚Naturzustand' und charakterisierte ihn als den ‚Krieg eines jeden gegen jeden'. Es ist klar, daß die lebbare Praxis menschlich-gesellschaftlicher Existenz diesen Naturzustand und seine Abstraktion immer schon kompensiert haben muß. Hier erscheint Politik als die fundamentale Ermöglichung menschlicher Praxis überhaupt, einschließlich der Möglichkeit für den Einzelnen, im gegebenen und garantierten Rahmen wieder von ihr abzusehen und bloß ‚seinen' Interessen nachzugehen. Die Philosophie hebt die Politik als die konkrete Allgemeinheit des Interesses in das Bewußtsein und kompensiert die Abstraktheit des Interesses durch Einbezug des Ganzen.

Insofern der ursprüngliche Selbstbezug in theoretischer Ausprägung als Reflexion bestimmt ist, wiederholen sich hier alle Bestimmungen des Interesses. Reflexion ist ebenso notwendig von sich selbst her abstrakt und unbegrenzt. Verselbständigt sich die Reflexion, so wird in ihr alles möglich, sie wird abstrakt unendlich. Diese abstrakte Unendlichkeit läßt sich in zweifacher Dimension deutlich machen. Einmal als Folge: Nimmt das Individuum einmal ein theoretisches Verhältnis zu sich selber ein, so wird es sich auch wieder zu diesem Verhältnis verhalten können und so fort. Zum anderen als abstrakte Unbegrenztheit von Möglichkeiten: Alles kann zum Gegenstand des theoretischen Verhältnisses werden, jeder Einfall, jede Assoziation, jedes Ausdenkbare kann ‚interessant' sein. Die abstrakte Ausschweifung der Reflexion kann nur diszipliniert werden durch die philosophische Hinwendung auf die Erkenntnis der politisch-objektiven Vermitteltheit des individuell Möglichen in der Wahrheit der Totalität. Unterbleibt diese Disziplinierung, so wird die Reflexionsphilosophie in einem ganz bestimmten Sinne heillos.

Beispiele dafür sind in der spätbürgerlichen Gegenwart so Sartre wie Adorno wie etwa Habermas. Sartre bestand auf der Verabsolutierung des Momentes der abstrakten Freiheit, die Unmöglichkeit einer Vermittlung zum Allgemeinen kompensierte er durch außerphilosophisches individuelles 'Engagement'. Durch das Verfehlen der objektiven Konkretion behielt aber jene Reflexionsphilosophie ebenso wie diese Praxis des 'Engagements' unausweichlich etwas Pueriles.

Adornos Denken drückt die Tragödie dessen aus, der noch genau um die Notwendigkeit weiß, Reflexion im Konkreten der Objektivität festzumachen, der aber nichtsdestoweniger nicht bereit ist, irgendeine Objektivität anzuerkennen. Konkret gesprochen: der Marxismus und der Nationalsozialismus hatten ihm die Anerkennung der bürgerlichen Objektivität unmöglich gemacht, und der Stalinismus die der sozialistischen, an die er doch früher geglaubt hatte. Adorno ist der intelligenteste Denker unter unseren drei Beispielen für bloße Reflexionsphilosophie. Ihm war diese Diskrepanz zwischen gewußter Aufgabe der Philosophie und individueller Deutlichkeit schmerzlich bewußt; eben dies verleiht der Reflexionsphilosophie etwas Quälendes, ja Selbstmörderisches, das denjenigen, der dieses Denken nachvollziehen soll, leicht zurückschrecken läßt: Verzweifeln kann er auch so.

Das Denken von Habermas ist vielleicht das reinste Beispiel der gegenwärtigen Heillosigkeit bloßer Reflexionsphilosophie, die, ausgehend von der schmalen Basis aufklärerisch-linkshegelianischer Bestände und in weltläufiger Aneignung aller möglichen ‚interessanten' Befunde einen ‚Diskurs' pflegt, der weder zu irgendeinem Ende noch zu einem Ganzen, noch zu seinen eigenen Voraussetzungen gelangen kann und angesichts dessen es schon eine philosophsiche Leistung darstellt, wenn auf der Pragmatik einer ‚Beendigung von Diskursen' bestanden wird.

Die charakterisierten Positionen der Reflexionsphilosophie sind keineswegs zufällig, womit aber nicht gesagt sein soll, daß ihre je spezifische Heillosigkeit etwa objektiv notwendig sein soll. Sie markieren das Elend des bürgerlichen Subjekts und wenn denn bürgerliches Denken doch etwas anderes sein will als Lust am Untergang, dann wird es und muß es erkennen, daß alles, was ihm von Sartre, Adorno oder Habermas herkommend, als Philosophie angeboten wird, Stein statt Brot ist.

– *Logik*

‚Zuerst Collegium Logicum'. Der Rat ist des Teufels und er ist von diesem gegeben im Rahmen eines Gesprächs, das darauf hinauslief, dem Gegenüber die Verachtung von ‚Vernunft und Wissenschaft' zu suggerieren – offenbar ist jener Rat diesem Ziel nicht entgegen.

Unter Logik im weiteren Sinne soll hier alles verstanden werden, was sich auf die Analyse formaler Satz-, Denk-, Sprachstrukturen bezieht, von Aristoteles bis Austin. Das Corpus dieser Wissenschaft ist von der herkömmlichen Begriff-Urteil-Schluß-Logik über Frege, die Principia Mathematica, den frühen und späten Wittgenstein, Carnap und Lorenzen so umfangreich geworden, daß sich der Rat ‚zuerst Collegium Logicum' im Sinne von ‚zuerst eben dies und dann alles weitere', gar nicht mehr verwirklichen läßt. Läßt man sich auf dies Studium im einigermaßen gründlichen Sinne ein, so ist das eine studienfüllende Tätigkeit, ein eigenes Fach. Nicht durchaus unberechtigt, versucht der erfolgreiche Adept dann, nach dem vorläufigen Abschluß, ebenso wie alle anderen Philosophen, auch von dem zu leben, was er gelernt hat, und so kommt ein Zirkel der Verfestigung in Gang, in dem ‚Logik' im hier angedeuteten Sinne als Philosophie schlechthin ausgegeben wird. Die Kompliziertheit der Materie, die Plackerei, die es die einzelnen kostete, sie sich anzueignen, der Rigorismus der Formalisten und das Problem der Schulbildung und der Richtungsabgrenzung und -verteidigung wirken zusammen, hier eine besonders unduldsame Gruppe innerhalb der Philosophie zu etablieren, die einerseits dazu neigt, nur sich selber für die Verwaltung richtigen Denkens zu halten, und sich andererseits zunehmend von allen anderen Wissenschaften zu isolieren. Es lassen sich dann gelegentlich mehr oder weniger rührende Versuche einer politischen Kompensation des Wirklichkeitsdefizits feststellen, so, wenn etwa versucht wird, ‚logische Propädeutik' als Demokratietheorie zu installieren.

Der demokratisch gute Wille scheitert bei der Umsetzung dann freilich meist an der Unduldsamkeit der Formalisten. Es sei hier kein Zweifel daran ausgesprochen, daß Logik im hier angedeuteten Sinne formaler Untersuchung von Satz-, Denk-, Sprachstrukturen, wichtig ist. Problematisch ist, daß diese Wichtigkeit kaum mit anderen Mitteln als mit den eigenen, formalen, demonstriert werden kann. Wenn anders es sich denn um ein Instrumentarium handelt, so muß gezeigt werden, was man damit machen soll oder kann – die Formalisten brauchen es ja selber nicht zu tun. Und diese Verwendung müßte mehr zeigen als die Nützlichkeit der Grundlagenforschung über mehrwertige Logiken für die Konstruktion kybernetischer Maschinen.

Der Verfasser hatte ein Erlebnis, das als Beispiel nicht überzogen, aber doch mitgeteilt werden soll. Ein Kollege aus einer Hochburg formalistischer Philosophie kündigte vor einer Reihe von Jahren einen Vortrag über ‚Utopie' an.
Bei dieser Ankündigung hielt er es für notwendig, darauf hinzuweisen, daß die geneigten Hörer vor dem Vortrag sinnvollerweise seine „Logische Propädeutik" gelesen haben sollten – wenn anders denn eine annehmbare Verständigung möglich sein sollte. Entsprechend präpariert, ging man hin und erlebte einen durchaus herkömmlichen Vortrag über Utopie in, sagen wir, leidlichem Oberseminarformat. Nichts, aber auch gar nichts darin stellte einen Zusammenhang mit jener ‚Logischen Propädeutik' her.

Da nicht angenommen werden kann, daß der Kollege nur etwas für den Absatz seines Werkes tun wollte, bleibt die schwerverständliche Tatsache stehn, daß die Arbeit an den Formalien weder instrumentell noch sonstwie auf das Denken oder auf Produktion von Theorien bezogen ist. Mehr und mehr beunruhigt es den Beobachter – oder beunruhigt ihn eben nicht mehr, je nach dem –, daß das formallogische oder wissenschaftstheoretische Credo eines Forschers nicht einmal mit seinen eigenen Forschungen zu tun haben muß – die ihren Erfolg meistenfalls nicht jenem Credo verdanken. Der Umfang des etablierten diesbezüglichen intellektuellen Betriebs, eines Betriebs, der längst selbstläufig geworden ist, kann nicht darüber hinwegtäuschen, daß alle Formalanalyse im Hinblick auf Philosophie entweder untergeordnet, diensttuend, oder einfach parasitär ist – dieses ‚Analysieren' ist jedenfalls darauf angewiesen, daß anderen etwas Inhaltliches einfällt. Die Verbreitung ist ein Zeichen von spätbürgerlichem Eskapismus, und es kann kein Zweifel daran bestehen, daß hier im Sinne jeden philosophischen Anspruches Steine für Brot ausgegeben werden – Spielsteine und Glasmurmeln vielleicht, aber Steine.

– *Kritik*

Insofern Philosophie jede Einzelheit, jedes Besondere mit einem Begriff vom Ganzen konfrontierbar macht, ist sie Kritik des Besonderen. Insofern ist Kritik der Philosophie zwar nicht zufällig, aber eher beiläufig. Philosophie ist kritisch, wie der Baum grün ist. Ihre kritische Potenz spitzt sich zu, wenn sie durch Ausschließlichkeitsansprüche des Besonderen herausgefordert wird, wenn etwa ein bestimmtes Interesse sich gesellschaftlich absolut und als das Allgemeine setzt. Die Antwort darauf ist z.B. der Kern jeder Kapitalismuskritik. Schwierig wird die Sache, wenn der Dominanz dieses besonderen Interesses Absolutheitscharakter zugeschrieben wird, wenn ‚Kapitalismus' etwa als ‚gesellschaftliche Totalität' geglaubt wird. Kritik wird dann problematisch: Das Ganze ist von seinem Begriff her nicht kritisierbar, nur das Besondere ist kritisierbar und zwar vom Ganzen her. Setzt man den Charakter eines Besonderen, hier ‚Interesse der Kapitalisten' absolut, so sieht man sich selbst dem Gegner schon ausgeliefert, dieser hat seine entscheidende Schlacht bereits gewonnen. Kritik ist damit von ihren eigenen Impulsen – etwa von der Freiheit – her defätistisch geworden und damit notwendigerweise unglaubwürdig. Der philosophische Kritiker hat es dann schwer. Ihm bleibt freilich die Möglichkeit und das Recht des ‚Standpunktes', d.h. des Bestehens auf der Subjektivität als dieser. Für diese ist Negativität konstitutiv und vom Standpunkt her ist dann alles mögliche abzuwehren, Kritik wird schließlich zur puren intellektuellen Selbstbehauptung und das Interesse an dieser ist niemandem bestreitbar. Aber Selbstbehauptung des bloßen Besondern als diesen ist bezugslos und beliebig – zufällig, was die Inhalte angeht. Der einzige Inhalt, den die philosophische Kritik dann noch glaubwürdig vertritt, ist sie selbst, mit anderen Worten, das Recht auf den eigenen Standpunkt. Das kann als konkretes Bestehen auf individueller Freiheit sinnvoll sein und je nach den politischen Umständen kann dies auch das Einzige sein, was dem Denken sinnvoll erscheint. In Gesellschaften, in denen der eigene Standpunkt, das individuelle Interesse oder das Recht des Besonderen eher selbstverständlich sind, wird Kritik, die als Bezugspunkt nur eben dies hat, unverbindlich, einen Standpunkt hat jeder oder kann jeder haben. Man wird einwenden, daß diese Selbstverständlichkeit nie so selbstverständlich sein kann, als daß es nicht sinnvoll wäre, auf ihr zu bestehen, aber damit wird der Standpunkt noch nicht inhaltlich erweitert. Die Kritik muß nach Möglichkeiten suchen, ihr allgemeines Defizit zu kompensieren und in der ‚Kritischen Theorie' wurde dies bekanntlich mit (Neo-) Marxismus versucht. Hier glaubte man einen Punkt gefunden zu haben, von dem die ‚Totalität' einer bürgerlich-kapitalistischen Gesellschaft zu kritisieren sei. Aber ‚Totalität' läßt sich nicht so leicht manipulieren. Entweder man nimmt sie ernst, dann ist kapitalistische Gesellschaft keine ‚Totalität', sondern bloß ein Besonderes. Dann fällt der Anspruch der Kritik, wissenschaftlich im Sinne der Berufung auf dialektische Totalität zu sein, in sich zusammen. Oder man nimmt ,Totalität' eben nicht ernst, dann wird aber der Standpunkt beliebig und es ist ihm auch philosophisch nicht aufzuhelfen, wenn er sich einfach als Parteinahme für das weltpolitische Gegensystem verfestigt. Es handelt sich dann nicht mehr um Kritik in irgendeinem philosophischen Sinne, sondern um solche auf der philosophisch defizitären Ebene politischer Gegnerschaft, die, solange sie unorganisiert ist, im Bereich der individuellen Meinung verbleibt. Die Anhänger müssen dann mangels philosophischer Überzeugungskraft zu bloßen Gesinnungsgenossen werden und der Schritt zu Parteigenossen ist dann schnell getan – leuchtet dem einzelnen auch wohl als Konsequenz seiner Philosophie ein, wozu unter dem Stichwort ,Praxis' noch etwas zu sagen sein wird.

Diese Ausführungen erläutern das Schicksal der Frankfurter ,Kritischen Theorie'; hervorzuheben ist auch hier wieder Adorno, der eine individuelle Form fand, den Anspruch der Kritik aus Totalität als uneinlösbaren denoch festzuhalten und sich gleichzeitig festzuklammern an der Subjektivität wie an einen Strohhalm, in dem genauen Sinne, daß damit eine Hoffnung schon nicht mehr verbunden war.

Der Bürger pflegt dem Kritiker entgegenzuhalten ,wo bleibt das Positive?', und der Kritiker pflegt dies als besonders abgeschmackt abzutun. Lassen wir den Einbruch eines journalistischen Kritikbegriffs einmal beiseite, der auch eher unter ,Ubiquität' abzuhandeln wäre, so müßte Kritik sich doch auch dadurch ausweisen, daß sie diesen Vorhalt des Bürgers auf den Begriff bringt. Die Kritik, die Philosophie am je Besonderen üben kann, begründet sich durch ihr Wissen um den Stellenwert, der sich von der Totalität her ergibt, die jedenfalls philosophisch demonstrierbar sein muß. Wenn das Besondere als Besonderes je das Unwahre ist, dann kann das eben nur nach erfolgter Demonstration der Wahrheit des Ganzen aufgewiesen werden. Insofern dies als Aufgabe der Philosophie angesehen wird, ergibt sich Kritik, wie oben gesagt, eher beiläufig. Kritik bedeutet dann immer dreierlei: Ein auch affirmatives Verhältnis zum Besonderen als Besonderen, ein plausibler Begriff des Ganzen und, daraus folgend, Aussagen darüber, wie das kritisierte Besondere unter philosophischem d.h. unter objektivem Wahrheitsgesichtspunkt zu sein oder zu handeln habe. Es hilft nichts, wenn man sich journalistische Tricks oder pseudophilosophische Überspielungen dieser Forderung einfallen läßt. Solange Philosophie als Kritik nur dies ist, und jene drei Forderungen nicht erfüllen will oder kann, solange wird sie Steine statt Brot geben, und diese müssen in den Händen derer, die ihr geglaubt haben, zu Waffen gegen sie werden.

– *Praxis*

Wie die meisten Intellektuellen, so leiden auch die Philosophen häufig an einem Defizit gesellschaftlicher Handlungspotenzen. Das Unbehagen an der versteinernden Theorie, deren sie als diese bloß noch mächtig sind, wird ihnen zum Unbehagen an Theorie als solcher. Das Gefühl, gesellschaftlich danebenzuhängen, d.h. aus dem Geflecht der wichtigen Handlungs- und Entscheidungsbeziehungen ausgeklammert zu sein, die theoretische Unfähigkeit, Wahrheit als die des Ganzen noch zu fassen, das korrespondierende Bedürfnis nach einem Standpunkt sowie das vage Gefühl, irgendwie ‚dagegen' sein zu müssen, bewirken zusammen ein intellektuelles Protestsyndrom, dessen freischweifender Charakter dann mit einer für unsere Gesellschaft fast unvermeidlichen Konsequenz auf die Straße marxistischen Denkens gerät. Die Zurechtlegbarkeit des Marxismus für die Bedürfnisse spätbürgerlicher Intellektueller ist einfach zu groß, als daß diese sich nicht darauf stürzen würden – wobei durchaus dahingestellt sein soll, wie weit dieser Köder von irgendeiner Seite etwa bewußt in genau dieser Form zurechtgelegt worden ist bzw. wird. Erstens finden die philosophierenden Intellektuellen hier die Möglichkeit, aus einem Standpunkt eine feste Position zu machen, von der aus man das Ganze der bürgerlichen Welt scheinbar kritisch in den Griff bekommen kann. Zweitens ermöglicht der angenommene Marxismus ein Gefühl der Teilhabe in jeder individuell ersehnbaren Form: Teilhabe am gesamtgeschichtlichen Prozeß mit dem Bewußtsein, auf der richtigen, weil fortschrittlichen Seite dieses

Prozesses zu stehen, Teilhabe an wirklichen weltbewegenden Vorgängen und Teilhabe – Solidarität – an irgendwelchen ‚Massen' und entsprechenden ‚Bewegungen'; Teilhabe aber ist seit Platon die Sehnsucht der Philosophen. Drittens war Marxismus schon von Beginn an auf genau diese Bedürfnisse zugeschnitten, weil er vom Beginn an auch den Charakter hatte, aus dem Unbehagen des Bürgers an sich selbst hervorgegangen zu sein, ein Unbehagen, das sich auch in der Gegenwart so leicht nachempfinden läßt.

Das Problem des Verhältnisses von ‚Theorie und Praxis' ist für die Philosophie zweifellos zentral, was dazu je zu sagen ist, ist freilich wiederum der philosophischen Anstrengung eher beiläufig.

Praxis aber als mehr oder weniger unmittelbares Bewirken-Wollen, als Handlungsanweisung, als Einswerden mit Massen, als Ersetzen der Philosophie durch Mitmarschieren – wenigstens im Geiste mit, –Praxis als Kompensation der spezifischen ‚Frustrationen' bürgerlicher Philosophen – Frustrationen, die durchaus aus einer richtigen, meist aber nur vagen Erkenntnis der Tatsache herrühren können, daß man nur Steine im hier beschriebenen Sinne in der Hand hat – Praxis als Erlösung von der Anstrengung der Theorie kann dann individuell so als Durchbruch erlebt werden, wie die individuelle ‚Erweckung' in früheren Zeiten, und kann dann ebenso unumkehrbar das philosophische Individuum sektiererisch festlegen. Hin und wieder zieht dann auch ein Theoretiker die Konsequenz und geht nach Kuba oder in den Untergrund, seltener ‚in die Produktion', weit häufiger beläßt man es freilich bei den Gefühlen von Solidarität, bei entsprechender demonstrativer Aktivität, Unterzeichnung von Aufrufen oder bei der individuellen Befriedigung, die sich einstellt, wenn man sich vor dem Schlafengehen klar macht, daß man mindestens dreimal an diesem Tag das ‚System' unterlaufen hat. Manchmal erklärt man auch dem ‚System' den Krieg durch Eintritt in die Organisation des weltpolitischen Gegensystems und kommt so in den Genuß nicht nur der Pfründen innerhalb der bürgerlichen Gesellschaft, sondern auch noch an die Fleischtöpfe, die von jenen für das nützliche Idiotentum hingestellt werden.

Was die ‚Praxis' solchen ideologischen Sektierertums angeht, so besteht sie häufig in einem bloßen Wechsel der Themen – statt der ‚Kritik der reinen Vernunft' die der ‚politischen Ökonomie' – häufig aber auch in der Änderung des Wissenschaftsbegriffs – was unendliche Möglichkeiten zu kämpferischer Auseinandersetzung und Bewährung für den neuen Jünger bedeutet. Häufig besteht die neue Praxis aber auch nur in jenen ‚systemverändernden' Praktiken, die nichts anderes bedeuten, als ein Nachgeben gegenüber dem Druck auf so bürgerliche Tugenden wie Leistung, Disziplin und institutionelle Konsequenz. All das kann zusammenwirken in einer in der Tat gelegentlich fast selbstmörderischen Lust am Untergang der Institution, der man doch selber angehört. ‚Was ist in dieser Beziehung nicht alles der Jugend nach dem Munde geredet worden! Die Jugend hat es sich dann auch gesagt sein lassen'. Aber auch manch gestandener bürgerlicher Philosoph oder auch Sozialtheoretiker hat hier eine Möglichkeit gefunden, seine midlife-crisis dadurch zu bewältigen, daß er die Steine, die er aufgrund seines herkömmlichen Philosophierens in der Hand hatte, nun in irgendjemandes Fenster wirft, zumindest theoretisch.

– Modische Ubiquität und Erbaulichkeit

Auf einer Europakarte, die die Reisen bedeutender Philosophen der Vergangenheit mit roten Linien markiert, findet sich auch ein roter Punkt, in Königsberg, hier lebte Kant. Im extremen Gegensatz zu dieser ‚stabilitas' hat sich in der Gegenwart eine philosophische Existenzweise ausgebreitet, die man mit Benedikt von Nursia das Gyrovagentum nennen könnte.

‚Die Gyrovagen verbringen ihr ganzes Leben lang jeweils für drei oder vier Tage auf den einzelnen Kongressen, eilen von diesem workshop zu jenem Kolloquium, immer unstet und nie beständig, Sklaven der individuellen Selbstdarstellung und der oberflächlichen Gier nach dem Neuen, das andere ihresgleichen hervorbringen und in jeder Hinsicht noch abscheulicher als jene forschen bürgerlichen Praxisphilosophen mit Marx unterm Arm, die die Umwelt mit dem angemaßten Titel des Philosophen offenkundig betrügen'.

Es lassen sich aber in diesem philosophischen Gyrovagentum hauptsächlich zwei Arten unterscheiden; beide sind als Kompensation philosophischer Substanz durch Ubiquität anzusehen. Die erste Art kompensiert den Mangel an philosophischer Produktion mit der Virtuosität der Adaption von Richtungen. Hier wird immer genau gewußt, was läuft, und ein solcher Vertreter kann allen alles sein: In Mainz kritischer Rationalist und in Frankfurt kritischer Theoretiker, in Erlangen Formalist und in Freiburg Fundamentalontologe. Auf die Frage nach der Philosophie muß er erst die Gegenfrage stellen, von welcher Philosophie denn da die Rede sein solle, dann staunt der Fachmann und der Laie duckt sich. Stellt jemand einen Begriff zur Diskussion, so folgt sofort die Frage nach der spezifischen Verwendung. Ist hier die Zubereitung à la Sartre, à la Adorno oder à la Strukturalismus gemeint? Diese Auffassungen von Philosophie ist zu vergleichen mit der geistigen Verfassung der Hofdamen in Andersens Märchen vom Schweinehirten, deren höchstes Entzücken jener kunstreiche Topf war, der, hielt man einen Finger in seinen Dampf, verriet, was auf allen Herden des Königreiches soeben gekocht wurde. Natürlich verstehen die Damen sich weder auf die Rose noch auf die Nachtigall, von der Eule der Minerva ebenso zu schweigen wie von ihrer Schwalbe.

Die zweite Art der Ubiquität vertritt jener Philosoph, der auch dabei sein muß, wann immer in Akademien, Tagungen, Rundfunk- oder – haltet euch fest – Fernsehsendungen eine ernsthafte Runde zu einem bewegenden Thema öffentlich vordiskutiert. Der Fachmann für das Allgemeine – was ein sehr honetter Titel sein könnte – zeigt seine Nützlichkeit, indem er zu allem und jedem etwas Allgemeines zu sagen weiß, wenn es auch denn schon nichts Allgemeingültiges ist. Da bietet sich dann natürlich von Tutzing und Loccum bis Salzburg und bis zum dritten Programm so allerhand an, von Stadtsanierungen bis zum § 218, vom homosexuellen Mitmenschen bis zur neofeministischen Libertinage. Die Zahl der Einladungen zu den entsprechenden Veranstaltungen oder gar der Anruf des Senders gelten dann als Bestätigung von Bedeutung und gesellschaftlicher Nützlichkeit – ‚Relevanz' – der Philosophie und die Worte zum Sonntag solcher Philosophen werden höchstens von ihren Worten zum Alltag übertroffen. ‚De quorum omnium miserrima conversatione melius est silere quam loqui'.

In Anlehnung an die im 18. und 19. Jahrhundert erfolgte Individualisierung und Psychologisierung des ursprünglich strengeren Begriffs der ‚Erbauung' sei hier unter Erbaulichkeit jener kulinarisch-sentimentale Gebrauch gemeint, der in den hier angedeuteten Zusammenhängen so oft alles ist, was von Philosophie übrig geblieben ist. Von ‚Trost' auch im auf den Einzelnen gewendeten Sinne ist viel zu halten, auch der Geist wurde der ‚Tröster' genannt, ‚Paraklet'. Freilich ereignet sich dieser Geist in Feuer und Sturmesbrausen, während die bloß noch erbaulich sein wollende oder könnende Philosophie bestenfalls mit der routinierten Gebärde zu vergleichen ist, mit der einer in Gesellschaft sein Einwegfeuerzeug zückt, wenn sein Gegenüber eine Zigarette nimmt. Es macht dann auch keinen Unterschied, wenn das Feuerzeug, das den Genuß ins Werk setzt, als von gediegenerer Ausführung sich erweist, ebensowenig wie es von Bedeutung ist, wenn der Funke nicht zündet: es findet sich immer jemand anders, der Feuer geben kann. In der kulinarischen Vermittlung von Erbauung, nach der der Gesprächsleiter dem Philosophen für den genußreichen Vortrag zu danken pflegt, ist solche Genußvermittlung von der Bedeutung der Philosophie ebensoweit entfernt wie Fred Feuerstein und Barney Geröllheimer von Moses und Aron entfernt sind.

Steine statt Brot. Das hierdurch bezeichnete Elend der Philosophie ändert sich auch nicht, wenn es sich um bunte Steine handelt oder wenn eine Anleitung mitgeliefert wird, wie man aus diesen Steinen drollige Männerchen basteln kann. Wie lange will man mit solcher Nippes-Philosophie hausieren gehen? Eine ‚Marktlücke' findet sich vielleicht immer, aber jene sokratische Errungenschaft der öffentlichen Versorgung der Philosophie wirkt allzusehr und allzu menschlich allzu häufig nicht mehr als Grundstellung, von der aus man die Herausforderung der Philosophie annehmen kann. Vielmehr ergibt sich immer wieder der Eindruck von einer Berufsauffassung des beamteten Philosophen, der derjenigen des berühmten Feldkuraten Otto Katz von Jaroslav Hasek ähnelt, der, leicht abgewandelt, hier am Schluß dieses Abschnittes zu Wort kommen soll: „Herr Kollege, solange die Menschheit nicht einsieht, daß sie, um sich in die Luft zu sprengen, dazu nicht den Segen der Philosophie braucht, ist die Philosophie ein anständig bezahlter Beruf, in dem sich der Mensch nicht zu sehr schindet."

3. Schlangen

Das Schlimmste an der gegenwärtigen Philosophie ist das epigonale Sichräkeln der herkömmlichen Kulturträger in ihren komfortablen Beamtensesseln, das Beste an ihr sind die Selbstzweifel. Freilich bleibt der Selbstzweifel vorläufig richtungsneutral; aus der Unsicherheit über die eigene Stelle und Stellung kann sowohl eine Tugend wie eine Untugend werden. Tugend dann, wenn der Zweifel zum Ansporn für die nicht nachlassende philosophische Anstrengung wird, Untugend dann, wenn die Anstrengung aufgegeben wird und man sich mit Ersatzlösungen zufrieden gibt.

Es sind hier fünf weitverbreitete Arten ‚philosophischen' Verhaltens als das Ausgeben von Steinen statt Brot gekennzeichnet worden. Daß es sich dabei um Steine handelt, ist nun für die Abnehmer bald einsichtig. Man kann jedoch nicht sagen, daß es für sie im eigentlichen Sinne gefährlich ist; zum Bauen eignet sich dieses Gestein ohnehin nicht, man kann die Steine fallen lassen oder wegwerfen oder zurückwerfen, je nach dem – das Brot muß man sich dann anderswo besorgen. Aber es ist gesagt worden, daß auch Schlangen ausgegeben werden und die Unterscheidung zwischen Stein und Schlange soll hier einen Sinn haben. Mit Steinen kann man bloß seinen Hunger nicht stillen, Schlangen können aber dem Empfänger von sich selbst her gefährlich werden – es sei denn, es handelt sich um bloße Blindschleichen, die ja harmlos sind. Hier soll aber nicht von philosophischen Blindschleichen die Rede sein, sondern eben von Schlangen, die von sich aus wegen ihres Giftes dem Empfänger gefährlich werden können – genauso, wie es auch wohl in der biblischen Ursprungsmetapher angelegt ist.

Dem, was hier philosophische Schlangen genannt wird, kommt die größere Gefährlichkeit aber deswegen zu, weil eine unmittelbare Beziehung zur Politik besteht. Reflexion, Logik, Ubiquität bleiben im Rahmen des gesellschaftlich Unverbindlichen, aber die philosophischen Schlangen werden von sich her gefährlich. Dabei macht es in Bezug auf diese Gefährlichkeit keinen Unterschied, ob sie ein Lähmungsgift haben oder eines, das toben läßt, wie der Stich der Tarantel. Die erste dieser Schlangen ist der philosophische Defätismus, die andere die militante Ideologie.

– *Der philosophische Defätismus*

Der philosophische Defätismus macht aus der Tatsache, daß ihm selbst nichts mehr substanziell philosophisches einfällt, die allgemeine Regel, daß das Philosophieren heutzutage eben ‚nicht mehr gehe'. Natürlich handelt es sich da nicht um eine Allgemeinheit, sondern um eine bloße Verallgemeinerung, was ja zu unterscheiden ist. Zu dieser Resignation können viele Wege führen. Ich unterscheide hier

- die Befangenheit in vergangener Größe oder den Nachgeborenenkomplex
- die Überzeugung von Pluralismus oder den Weltanschauungskomplex
- das Sichabfinden mit dem Nichtallgemeinen oder den Existenzialismuskomplex.

Der Philosoph, der am *Nachgeborenenkomplex* leidet, gleicht einem Schallplattenhörer, der sich per Konserve ständig Spitzenleistungen ins Haus holt und der darüber die Lust verliert, ein eigenes Instrument zu spielen. Da die Philosophie notwendigerweise einen beträchtlichen Teil ihrer Arbeitskraft der Beschäftigung mit vergangenen Spitzenleistungen ihres Faches widmet, kann die sekundäre Befassung, eben weil sie durchaus unausweichlich ist, zur Lähmung führen. Nicht der philosophische Eros als solcher wird überliefert, sondern nur die jeweilige Systemgestalt des Philosophierens. Je sensibler der Adept für die Größe der philosophischen Überlieferung ist, um so weniger traut er sich an eigene Gedanken. Wie dem ‚Mann ohne Eigenschaften' schieben sich dem Philosophen von heute die Denkstile der Vergangenheit zwischen ihn und seine philosophische Aktivität und Problemlösungskompetenz, so daß er seine philosophische Inneneinrichtung dann doch schließlich von dem jeweiligen Lieferanten erstellen läßt.

Es wäre viel leichter, wie Kant oder wie Hegel zu philosophieren, wenn nicht das Endprodukt jener philosophischen Bemühungen der Vorgänger so eindrucksvoll wäre und wenn ihre Leistung nicht so respekteinflößend wäre. Aber wer zuviel Respekt hat, den wird nie jemand respektieren. Um zu philosophieren wie Kant oder Hegel muß man sich sehr weit von Kant oder Hegel entfernen. Man muß lernen, daß man nicht einen konkurrierenden kategorischen Imperativ aufstellen muß oder eine konkurrierende ‚Phänomenologie des Geistes'. Man muß auf seine eigene Zeit hören, und ihre Herausforderung begreifen. Dann nähert man sich auch wohl jenen Größen wieder an, ja kann sie als seine Ahnen verstehen.

Die Lähmung wirkt sich beim Nachgeborenenkomplex meist so aus, daß einem auf Grund differenzierter Kenntnis der historischen Philosophie bei jedem systematischen Problem eine große Philosophie der Vergangenheit einfällt, die dies Problem bereits in systematische Gestalt gebracht hat. Aber das trifft niemals zu: Kein Problem der Gegenwart kann anders behandelt werden als von Gegenwärtigen – der freilich alle Probleme verfehlen muß, wenn es ihm etwa nur um überzeitliche Probleme geht. Philosophische Wahrheit ist absolut historisch und die These von der absoluten Ungeschichtlichkeit der Wahrheit ist nichts als der Alptraum theologisch bemäntelter philosophischer Impotenz. Jedes Zeitalter hat nur soviel Wahrheit, wie ihm abgewonnen oder meinetwegen auch abgerungen werden kann. Freilich muß man sich auf einen Clinch mit dem Zeitalter einlassen wie Jakob mit dem Engel, auf die Gefahr hin, eine verrenkte Hüfte davonzutragen – von der Gefahr, daß der Geist, mit dem man ringt, ein böser oder ein Ungeist ist, zu schweigen. Die philosophische Timidität vermeidet aber natürlich den Nahkampf und obwohl man der Wahrheit seiner Zeit nicht nur mit

Kampfgeist sondern auch mit List auf die Spur kommen könnte, verführt der Nachgeborenenkomplex doch eher dazu, in scheinbarer Bescheidenheit zu verkünden, daß Philosophie dieses Anspruchs eben heutzutage nicht mehr zu machen sei.

Der *Weltanschauungskomplex* in der Philosophie hat zum Kern ein zentrales Mißverständnis dessen, was ‚Pluralismus' bedeutet. ‚Pluralismus' ist eine gesellschaftspolitische Kategorie, deren Kern es wiederum ist, daß kein Interesse als solches bestreitbar ist. Gesellschaftlich kann keine theoretisch begründete Interessenhierarchie durchgesetzt werden, und wenn organisiertes Interesse in keinem Fall als solches bestreitbar ist, dann muß das bedeuten, daß kein Interesse seine Vorstellung vom Allgemeinen inhaltlich dominant setzen darf. Es gibt also keine inhaltlich einheitliche Auffassung von der Gesellschaft mehr, aus der eine gesamtgesellschaftliche Ordnungsvorstellung abzuleiten wäre und jede Theorie, die dergleichen Alleinvertretungsansprüche anmelden würde, würde gesellschaftlicher Totalitarismus sein und das ist sicher das Gegenteil von ‚Pluralismus'.

Parlamentarische Demokratie ist die politisch-formale Lösung des Problems des gesellschaftlichen Pluralismus. So entsteht die sehr vordergründige Möglichkeit, den Mangel an philosophischer Substanz oder das Aufgeben eines philosophischen Wahrheitsanspruches als demokratische Tugend und theoretische Toleranz auszugeben. Abgesehen davon, daß man damit das Feld denen überläßt, die weder an demokratischer Tugend noch an Toleranz interessiert sind, liegt hier auch ein entscheidender Denkfehler, bzw. schon eine vorgängige philosophische Kapitulation. Es ist die Verwechslung von Philosophie und ‚Weltanschauung', daher denn dieser Komplex hier Weltanschauungskomplex genannt wird. Aber ‚Weltanschauung' war schon immer eine Schwundstufe philosophischer Orientierung, eine Schwundstufe, die davon ausging, daß es lediglich auf ein mehr oder weniger plausibles individuelles Sichzurechtlegen von Welt ankomme; ‚Weltanschauung' ist die gebatikte Tischdecke, sind die ‚Betenden Hände' als Stickerei auf einem Stramingewebe, Julleuchter oder Freikörperkultur. ‚Weltanschauung' ist allerdings pluralistisch: meine Weltanschauung, deine Weltanschauung, unsere, eure Weltanschauung. Das Dominantsetzen einer Weltanschauung ist totalitär, aber Philosophie verhält sich zu den Weltanschauungen wie der Staat zum gesellschaftlichen Pluralismus und wer dies nicht einsieht, und vom ‚pluralistischen Staat' redet, dem ist allerdings schwer zu helfen. Der Staat ist immer die Bedingung der Möglichkeiten einer Gesellschaft und wenn diese pluralistisch ist oder sein will, so muß der Staat die formalen Bedingungen auch dieser Möglichkeit setzen, aber er kann sie nicht in sich selbst reproduzieren. Wenn Philosophie also vor dem Pluralismus kapituliert, dann hatte sie die Schlacht schon verloren, als sie nicht hinreichend zwischen sich und den Weltanschauungen unterschied.

Der *Existentialismus* lebte in den Formen der Reflexionsphilosophie von der gefühlten oder der behaupteten oder der gepredigten Unfähigkeit zum oder der Verweigerung des Allgemeinen. Existentialismus ist, von dem substantiellen Frühexistentialismus Kierkegaards abgesehen, die bezeichnende Philosophie einer bürgerlichen Gesellschaft, die sich in zwei Weltkriegen ihre Illusionen zerschmetterte, ihren Jünglingen den Idealismus austrieb und Abschied von ihrer Weltgeltung nahm.

Daß alle drei, bürgerliche Illusionen, bürgerlicher Idealismus und bürgerlicher Alleinvertretungsanspruch noch weiter existierten, steht als schlechte Wirklichkeit auf einem anderen Blatt. Aber über den gefühlten, gepredigten oder reflektierten Heroismus des individuellen Standhaltens muß man hinauskommen, die Zeit fordert anderes Denken, das sowohl von der Trauer um den verlorenen Idealismus Abschied nimmt, wie es sich nicht damit begnügen kann, wie das hypnotisierte Kaninchen vor der Schlange des Marxismus zu hocken, ein Denken, das zum Angriff übergeht: Offensives Denken. Hora est iam nos de somno surgere. Die Philosophie kann sich nicht ständig unter vergangene Katastrophen subsumieren, der Existentialismuskomplex ist überwindbar.

– *Die militante Ideologie des Gegensystems*

Wenn das Karnickel im letzten Beispiel beschlösse, um seiner Lähmung zu entgehen, sich auf den Standpunkt der Schlange zu stellen, so wäre die überzogene Absurdität der Metapher auch nicht absurder als der Ausweg bürgerlicher Philosophen, den Standpunkt des welthistorischen Gegensystems anzunehmen, damit den bürgerlichen Defätismus zu überwinden und diese Position dann als die bessere oder die Philosophie von Morgen nach allen Seiten hin auszugeben. Natürlich muß die Erörterung dieser zweiten Schlange, der militanten Ideologie oder des Marxismus, an das anknüpfen, was oben über ‚Praxis' gesagt worden ist. Hier geht es um jene allgemeinen Inhalte dieses Typs ‚philosophischer' Orientierung, die ihn zu ideologischer Partikularität machen statt zu theoretischer Selbstbehauptung. Am Unterschied zwischen philosophierender Theorie und Ideologie ist dabei allerdings festzuhalten. Theorie ist die unverkürzte theoretische Weltbewältigung im Denken allgemeiner Begriffe mit der Absicht, die Welt menschlich zu halten, indem sie denkbar gehalten wird, Ideologie ist dagegen die Manipulation von Weltbewältigung in einseitigen Kategorien mit der Absicht, der eigenen Seite zum ‚Endsieg' zu verhelfen.

Die Verführungskraft des Marxismus für bürgerliche Intellektuelle und für solche Philosophen, die des Steineklopfens müde sind, ist nicht zuletzt deshalb so groß, weil er sich mit den äußeren Attitüden bürgerlichen Philosophierens so leicht verbinden läßt. Statt des fünftausendsten Buches über Platon schreibt man die dreitausendste Einführung in das ‚Kapital'. Freilich kann das den Marxisten nicht befriedigen, solange es in dem Bereich bleibt, in dem Marxismus auch bloß Gegenstand ist. Als solcher, als Gegenstand, kann er nicht wichtig genug genommen werden und alle bürgerliche Theorien sind unter anderem daran zu messen, wie weit sie in der Auseinandersetzung mit diesem Gegenstand gekommen sind, bzw. wie weit man mit ihnen in dieser Auseinandersetzung kommen kann. Die große Chance für die bürgerlichen Karnickel hat aber der Marxismus natürlich gegenwärtig in der Möglichkeit, sich mit einem sacrificium intellectus, dem dann sogar das Attribut des Fortschrittlichen erteilt wird, der Misere philosophisch-spätbürgerlicher Impotenz zu entziehen, durch ‚Teilhabe' an eben diesem welthistorischen Fortschritt. Ist dieser Schritt einmal getan, so wird buchstäblich alles möglich. Wenn einmal ‚Parteilichkeit' als das bedeutendere Prinzip anerkannt worden ist, dann braucht man sich auch nicht mehr zu genieren, ein Pamphlet wie ‚Materialismus und Empiriokritizismus' von Lenin als hochphilosophisches Werk zu behandeln, eine Verirrung, die in der Tat nur mit jenen geistigen Ausfallerscheinungen zu erklären ist, die das sacrificium intellectus beim spätbürgerlichen Theoretiker eben zur Folge haben muß.

Wenn anders es denn einen Grund gäbe, jenem bürgerlichen Defätismus zu verfallen, dann wäre es das Schauspiel, das bürgerliche Intellektuelle bieten, die unter dem Banner der ‚Parteilichkeit' ihr Denken prostituieren, und plötzlich ihr Heil in neuen Gesinnungen suchen, als hätte es nicht die Zeit gegeben, die große Zeit, in der man ‚schon am Gruß die Gesinnung' zu erkennen verordnete. Daß aus der Situation der bürgerlichen Philosophie heraus dieser Ausweg verführerisch naheliegt, mag zugegeben werden, aber der Versuch, der eigenen Situation als der Situation einer bestimmten Gesellschaft mit eigenem Denken zu begegnen, muß von anderem ausgehen als bloß von dem Elend der bürgerlichen Philosophie, auch das letztere wäre sonst nichts anderes als eine Art von Scholastik.

Angesichts derjenigen, die die Schlange marxistischer Ideologie als philosophische Nahrung ausgeben, muß man sich natürlich im klaren sein, daß dies Verhältnis zum Marxismus nicht nur ein Problem der Philosophen ist. Dadurch wird freilich die Sache nicht besser, im Gegenteil. Aber das Stehvermögen ist nicht die ausgeprägteste Eigenschaft deutscher bürgerlicher Philosophie, wie sowohl 1914 wie 1933 bewiesen wurde. Die Philosophie ist schwierig durch- und auszuhalten und die Kapitulation vor ihren strengen Anforderungen kann durchaus als individuelle Befreiung erlebt werden. Zudem kommt Marxismus einer Reihe von herkömmlichen intellektuellen Attitüden entgegen, so einem vagen antigouvernementalen Ressentiment oder der schlecht verdauten

Phrase vom ‚Geist', der eben ‚links' stehe. Und Philosophen sind eben auch Intellektuelle, ob sie gleich auch mehr und anderes sein sollten. So entdeckten eben viele die ‚Parteilichkeit' wie eine Befreiung und dann lösen sich allerdings alle Bande frommer Scheu. Es gibt von da an weder die Möglichkeit, zwischen Ideologie und Theorie, noch die zwischen Agitation und Philosophie zu unterscheiden noch die zwischen Demagogie und Argumentation, alle gebildeten Differenzierungen werden in den Brei dieser Pseudofortschrittlichkeit einer Philosophie des Schlangenausgebens hineingerissen, die sich immerfort dadurch bestätigt sieht, daß ihre Schlangen sich ‚dialektisch' selbst bewegen, während die bürgerlichen Steine bloß herumliegen.

Man wird einwenden, daß das Elend einer Philosophie, die nur Steine oder Schlangen anzubieten hat, nichts anderes ist als die Reproduktion des Elends der bürgerlichen Gesellschaft, wie sie nun einmal sei. Aber erstens ist die Philosophie immer mehr als die bloße Reproduktion historischen Elends und darum ist zweitens die Beurteilung der Situation der bürgerlichen Gesellschaft als Elend überhaupt nur dann möglich, wenn man auch einen Punkt außerhalb dessen, was vielleicht sinnvollerweise als Elend bezeichnet werden kann, zu erfassen in der Lage ist. Um zu dieser Front einer philosophischen Programmatik vorzudringen, ist es notwendig, sich zunächst der philosophischen Auffanglinie zu versichern.

II. Die Auffanglinie

1. Historisches Philosophieren

Ich erinnere mich eines Kinderbuches, in dem ein Osterhase erhebliche Schwierigkeiten mit seinem Clan bekam, weil er goldene Eier legte. Diese wurden für schlechterdings steinhart und ungenießbar erklärt und der bedauernswerte Hase fiel durch sämtliche Prüfungen. Natürlich wurde am Ende sein wahrer Wert entdeckt.

Es ist nicht alles Stein, was hart ist und es ist nicht alles wertlos, was nicht ankommt. Es sind hier die vielerlei Weisen aufgezeigt worden, auf denen sich die Philosophie selbst verfehlen kann, es ist nun aber an der Zeit, auch darauf einzugehen, wo sich Philosophie selbst noch in der Hand hat. Dies Festhalten an sich selbst hat freilich seine spezifischen Fallgruben und natürlich muß dann wieder auch davon die Rede sein. Das berüchtigte fünftausendste Buch über Platon kann als ebenso ungenießbar zurückgewiesen werden wie die Anfängervorlesung über Kant, aber die Zurückweisung muß nicht in den historischen Qualitäten von Platon oder Kant liegen. Sehen wir davon ab, daß die Art der Präsentation natürlich von der philosophischen Substanz ablenken, daß sie diese hoffnungslos verstellen kann. Das ist immer möglich, aber das ist dann eine Frage der Präsentation als dieser, nicht eine notwendige Bestimmung für die Befassung mit historischer Philosophie als solcher. Kants Vorlesungen waren selbst auch langweilig. Zudem kann jenes Verstellen oder die Zurückweisung der philosophischen Inhalte auch daran liegen, daß Hörer oder Leser falsche Voraussetzungen mitbringen. Die Beschäftigung mit Philosophie ist auch für den Receptor immer Arbeit und nicht Genießen. Woraus folgt, daß der gute Hörer oder Leser auch immer schon mehr ist als bloßer Receptor.

Insofern historische Philosophie eben Philosophie ist, ist Philosophie, die sich mit ihren eigenen historischen Gestaltungen befaßt, wirklich Philosophie, bei sich selbst, präsentiert sie sich selbst. Daß die ‚Nikomachische Ethik', der ‚Gottesstaat' der ‚Leviathan', die ‚Wissenschaftslehre' oder ‚Jenseits von Gut und Böse' Philosophie sind und zwar große Philosophie, steht außer Zweifel. Sich damit zu befassen, mag manchen noch nicht den Titel des Philosophen rechtfertigen, aber jedenfalls ist diese Befassung der kleinste gemeinsame Nenner für die Philosophen. Diese Bemerkung muß recht verstanden werden. Der kleinste gemeinsame Nenner ist mehr als ein letzter Ausweg aus der Verlegenheit philosophischer Impotenz. Das Studium der Geschichte der Philosophie ist die Schule allen Philosophierens und mehr als das. Es ist auch jene Begegnung der Philosophie mit sich selbst, die stets Voraussetzung für alle zukünftige Selbstständigkeit ist.

Wie alle Arbeit, so kann auch die Arbeit an und mit historischer Philosophie gut, mittelmäßig und schlecht getan werden. Soviel Philosophen es gibt, so zahlreich sind die Annäherungen und so verschieden wird die Aufgabe gelöst. Soll die Arbeit an und mit historischer Philosophie gut getan werden, so muß sie einen dreifachen Verweisungscharakter haben. Die erste Verweisung, mit der die Arbeit an historischer Philosophie über die enge Beschäftigung mit Texten als solchen hinausgeht, ist die Verweisung auf die Zeit und die Wirklichkeit, die diese Philosophie hervorgetrieben hat. Wenn Philosophie groß ist, dann ist sie eine Antwort auf die Herausforderungen ihrer Zeit, nicht nur eine Antwort auf Probleme der Schule. Der historische Horizont dieser Herausforderung muß vergegenwärtigt werden, um Leistung und Größe einer Philosophie kennenzulernen.

Die Verweisung auf den historischen Problemhorizont muß aber des weiteren aufgeschlossen werden in dessen Verweisungscharakter für die eigene Gegenwart. Ließe sich von einer Vergangenheit zeigen, daß sie tatsächlich nichts als bloße Vergangenheit ist, dann würde auch die Philosophie einer solchen Vergangenheit nicht mehr philosophisch, vielleicht etwa noch kulturhistorisch interessant sein. Jede menschliche Gegenwart aber ist ein Resultat vergangener Herausforderungen und ihrer Bewältigungen. Insofern historische Philosophie ihre Zeit begriffen hat, muß sie auch für das Begreifen der Gegenwart aufgeschlossen werden können. Tua res agitur. Zum dritten muß die Arbeit an und mit historischer Philosophie auf die Aufgabe der Philosophie überhaupt verweisen und dies eben wäre die theoretische Antwort auf die Herausforderungen der eigenen Gegenwart, die ja nie nur in ihrer Vergangenheit aufgeht. Diese Art der Arbeit an und mit historischer Philosophie ist selber philosophisch, d.h. der Sache angemessen, d.h. also gut, wenn sie auch hierin systematisch ist. Zum Begriff des Systematischen in der Philosophie wird in Abschnitt III noch etwas zu sagen sein, in Bezug auf die Geschichte der Philosophie bedeutet es vor allem, daß eine übersichtliche Gesamtvorstellung gegeben sein muß. Die Chronologie ist nie Zufall, aber Chronologie allein macht noch nicht jenen Überblick aus, der – und eben das gehört zu seiner philosophischen Leistung – auch einen retrospektiven Entwurfscharakter haben muß, der wiederum von der Problematik der Gegenwart her bestimmt ist. Es kann also bei der Bestimmung der guten Arbei an und mit historischer Philosophie nicht nur darum gehen, daß punktuelle Auseinandersetzungen mit ausgewählten philosophischen Gipfeln stattfinden, es muß die Möglichkeit einer Gesamtübersicht gegeben sein.

Naturgemäß wächst der Stoff der historischen Beschäftigung mehr und mehr an. Ihn zu bewältigen, erfordert die Kooperation von Spezialisten: für Antike, für Mittelalter, für 17. Jahrhundert, für Idealismus und so fort. Jeder von ihnen kann und wird aus seiner Spezialität eine Lebensaufgabe machen: seine Verwendbarkeit in jener Kooperation erfordert dies mit einer gewissen Unausweichlichkeit. In dieser Art der philosophischen Arbeit besteht gegenwärtig die Masse philosophischer Tätigkeit überhaupt. Man wird im Hinblick darauf die genuin philosophische Lebendigkeit jenes dreifachen Verweisungscharakters sicher in den meisten Fällen vermissen. Aber hier muß man sich klarmachen, daß auch die mittelmäßige Erledigung dieser philosophischen Arbeit durchaus notwendig ist und eine ganz unverzichtbare Funktion in der Philosophie hat. Es kann sogar als ein durchaus humaner Zug gerade der Philosophie angesehen werden, daß in ihr auch das Mittelmaß nicht nur mitlaufen, sondern sogar glänzen kann. Die Notwendigkeit und Unentbehrlichkeit des

Mittelmaßes in der Philosophie zeigt sich aber in der Bereitstellung dreifacher Möglichkeiten. Erstens gibt die sorgfältige Aufbereitung der einzelnen Autoren und ihrer Denkleistung in der Kooperation die Möglichkeit für jene restrospektiven Entwürfe einer aktuellen Geschichte der Philosophie. Zweitens ergibt sie die Möglichkeit und die Voraussetzung dafür, jenen historischen Verweisungscharakter nachzuvollziehen und drittens bewahrt sie in den historischen Gestalten der großen Philosophie deren Anspruch auf, und konfrontiert alle, die auf sie hören, mit der großen Herausforderung der Philosophie. Vor allem in Letzterem ist die Bedeutung des philosophischen Alltags in Forschung und vor allem in Lehre zu sehen: Immer wieder ein Proseminar über Descartes' ‚Meditationen', immer wieder eines über ‚De Cive' oder die ‚Prolegomena', immer wieder ein Kolloquium über die ‚Nikomachische Ethik' oder die ‚Rechtsphilosophie'. Dieses Bewahren der philosophischen Überlieferung, dieses Bereitstellen ihres Anspruchs, diese Konfrontation mit ihrer Größe sollte allein ausreichen, im akademischen Betrieb jede Stelle für Philosophie mit Zähnen und Klauen zu verteidigen. Die Philosophie muß mit der Gießkanne ausgeteilt werden, wenn ihre Herausforderung hier und da gehört werden soll und wenn sie verborgene Keime zum Sprießen bringen soll.

Natürlich kann die Arbeit an und mit historischer Philosophie auch schlecht getan werden. Auf dem Hintergrund der Überzeugung von Philosophie als einer unverlierbaren Fähigkeit der Menschen kann die Grenze zwischen mittelmäßig und schlecht aber ziemlich tief angesetzt werden. Jeder unserer beamteten Philosophen, die doch fast alle einmal den Anspruch des philosophischen Eros gespürt haben, dürfte ein leidliches Seminar über die ‚Kritik der praktischen Vernunft' abhalten können, das irgendwie doch auch Ansätze zu einer jener Möglichkeiten verwirklicht. Freilich kann sich das Verfehlen jedes philosophischen Anspruches auch auf dieser Ebene – gerade weil sie so notwendig und fundamental ist – besonders katastrophal auswirken.

2. Fehlformen

Die drei Fehlformen, in denen die Arbeit an und mit historischer Philosophie präsentiert werden kann, sind die Zusammenhangslosigkeit, die Reduktion auf Philologie und das Raritätenkabinett.

Die Zusammenhangslosigkeit geht etwa aus von einem unbefragten Kanon der Überlieferung klassischer Autoren und behandelt punktuell einmal diesen, einmal jenen und zwar immanent und in einer nicht weiter in Frage gestellten Überzeugung, daß dieser ‚Klassiker' doch auf jeden Fall Bedeutung habe und daß es wichtig sei, sein Erstens, Zweitens und Drittens zu kennen. Diese Art der Befassung kann eigentlich nur in Scholastik enden und bedeutet den Tod der Philosophie.

Die Reduktion auf Philologie ist eine Konsequenz dieser Zusammenhangslosigkeit, eine Konsequenz, die mit dem Charakter der Unentbehrlichkeit ausgestattet ist. Da die Bedeutung der historischen Philosophie nicht nur naiv-unbefragt groß ist, sondern sich auch aus der philosophischen Argumentation ergibt, ist die Arbeit an der Bereitstellung und Durchleuchtung von Texten als solchen wichtig. Aber der Habitus dieser Arbeit kann problematische Folgen haben. Auf einem internationalen Kolloquium über einen bedeutenden Philosophen eines vergangenen Jahrhunderts spielte einer der eingeladenen Philosophenkollegen tagelang eine stumme Rolle. Nur einmal brach es aus ihm heraus und das war, als einer der Referenten eher beiläufig darauf hinwies, daß er ein kurzes, bisher unveröffentlichtes Manuskript dieses alten Philosophen neu entdeckt habe, ein Manuskript, von dem er im übrigen selbst sagen mußte, daß es unserer Kenntnis dieses Philosophen kaum Neues hinzufügen könne. Da aber konnte unser Mann nicht an sich halten und er meldete sich zu Wort und beglückwünschte den Kollegen in bewegten Worten, als den Einzigen, der nun in der Lage gewesen sei, zu diesem Kolloquium etwas Neues beizutragen.

Die sorgfältige Überprüfung und vor allem die Vervollständigung von Texten ist wichtig und unentbehrlich. Man kann dies zu einer Lebensaufgabe machen und alle Philosophen müssen denen dankbar sein, die diese Arbeit auf sich nehmen. Die Philosophie wird jedoch kaum mehr verfehlt, als wenn diese Art der Beschäftigung mit ihren Texten schon als Philosophie ausgegeben wird.

Der Kustos des philosophischen Raritätenkabinetts ist zunächst einmal dahingehend zu charakterisieren, daß er weder historisch noch aktuell von den Ansprüchen der großen Philosophie etwas verspürt. Der Schritt vom musealen Aufbewahrungsort unbestritten großer Philosophie zum Raritätenkabinett ist dann schnell getan. Man geht davon aus, daß große Figuren wie Aristoteles, Kant oder Nietzsche ohnehin bekannt sind. Wie aber steht es z.B. mit K. C. F. Krause? Sehen sie, den kannten sie auch noch nicht. Und doch handelt es sich hier um einen jener interessanten Fälle, wo man nicht genau weiß ob oder ob nicht. Oder wissen sie, was der Philosoph Johann Christian Tennzel zu dem Theologen Gottlieb Albrecht Dunnenbaum sagte, als sie sich am 23. August 1827 um 21 Uhr 53 bei der Fürstin Seltz-Miltzahn getroffen haben? Er sagte: ‚Welch ein Ereignis! Wenn das unser alter Rektor Zumbrechen noch erlebt hätte!' (Felix August Zumbrechen, Rektor der berühmten Kreuzschule zu Kaisersaschern, 1763–1823).

Die Philosophie des Raritätenkabinetts ist eine sehr heruntergekommene Philosophie. Das Verfehlen des Anspruchs und die Taubheit gegenüber der philosophischen Herausforderung ist hier besonders schlimm.

Trotzdem muß aber festgehalten werden, daß in der sehr breiten Arbeit an und mit historischer Philosophie die entscheidende Auffanglinie zu sehen ist, von der aus neue Vorstöße gewagt werden können. Einem toten Mann ist nicht geholfen, wenn man von seinen großen Zeiten spricht, aber noch leben wir. Und so lange wir noch leben, ist es möglich, auch aus der Berührung mit der Geschichte der Philosophie neue Kräfte zu ziehen.

3. Politische Philosophie

Als zweite Auffanglinie ist die Politische Philosophie, das philosophische Kernland, anzusehen.

Politik ist die Verwirklichung der gesellschaftlichen Existenz der Menschen als solcher. Politik als Verwirklichung von Freiheit ist demnach auch die Bedingung der Möglichkeit zu philosophieren. Indem die Philosophie die Politik als ihre eigene Voraussetzung theoretisch einholt, begründet sie ihre eigene Allgemeinheit, überwindet sie Partikularität, wird wirkliches Wissen und eröffnet sich die Chance zu Totalität. Angesichts der Vielfalt dessen, was Philosophie als Spekulation, als Metaphysik, als Ontologie einmal zu ihrem Einzugsbereich zählte, könnte die Reduktion einer ‚Ersten Philosophie' auf politische Philosophie leicht als unzulässige Beschränkung aufgefaßt werden. Aber der Mensch ist ein theoretisches Wesen insofern er ein politisches ist und umgekehrt. Alle großen philosophischen Ideen sind im Kern politische Ideen oder sie sind nichts. Ohne die Voraussetzung der Politik ist nichts denkbar. Politische Philosophie ist ‚Erste Philosophie', alles andere, Metaphysik, reine Erkenntnistheorie ist Abstraktion, die nur zulässig sein kann, wenn sie sich ihrer Abstraktion bewußt bleibt, wenn sie sich die Wege offenhält, mit denen sie sich vom Fundament der Politik entfernt hat, wenn sie angeben kann, welches diese Wege sind und wie sie zum philosophischen Kernland, der Politik, zurückführen. Wenn die Philosophie nicht jederzeit mit wenigen systematischen Schritten diese Fluchtburg erreichen kann, oder jedenfalls ein sicheres logistisches System aufgebaut hat, wird sie hilflos und kann jederzeit von den Ansprüchen der Positivität oder der Ideologie ins Bockshorn gejagt werden.

Die Philosophie lebt von der Spannung zwischen der Politikvergessenheit des Partikularen und seiner Praxis und dessen objektiver Aufgehobenheit im Allgemeinen. Philosophie ist in ihrem äußersten Elend angelangt, wenn sie der Politikvergessenheit selbst verfallen ist und folglich zu keinem konkreten Allgemeinen mehr sich durchringen kann. Sie kann dann nur Wolken umarmen und zeugt entsprechende Bastarde. Es ist eine der verhängnisvollen Entwicklungen des bürgerlichen Denkens, namentlich in Deutschland, daß politische Philosophie bestenfalls ein spezieller Gegenstand ist und ihr zentraler und grundlegender Charakter verfehlt wird. Es wäre zu zeigen, auf welche

Art genau diese Entwicklung an die Entwicklung der bürgerlichen Welt gebunden ist, aber es wäre auch zu zeigen, daß und warum und wie der bürgerliche Defätismus überwunden werden kann.

Sieht man sich unter diesem, nur scheinbar spezifischen, in Wirklichkeit aber zentralen Aspekt des Politischen in der Gegenwart um, so ist das Bild im Ganzen doch nicht so düster, wie man es erwarten könnte. Es ist nicht der geringste Beweis für die Lebensfähigkeit der Philosophie überhaupt, daß sie gerade in der politischen Philosophie ein verhältnismäßig kräftiges Dasein führt. Und es ist auch kein Zweifel, daß das Spektrum bürgerlicher politischer Philosophie der Gegenwart in einem großen Bogen von der Verlebendigung der Antike bis zu der Auseinandersetzung in und mit den modernsten Formen wissenschaftlicher Grundlegung reicht. Eine zusammenfassende Darstellung der politischen Philosophie der Gegenwart liegt bis jetzt noch nicht vor, aber es ist keine Frage, daß sie wesentliche Aufschlüsse geben könnte, daß vor allem die Vitalität bürgerlichen Philosophierens hier auf eine Weise ans Licht gehoben werden könnte, die vielen aufhelfen könnte, die bis jetzt noch an dessen Zukunft verzweifeln. Ohne weiteres ist hier ein Dutzend erstrangiger Namen zu nennen: Hannah Arendt, Leo Strauß, Eric Voegelin, Karl Popper, F. A. Hayek, John Rawls, Bertrand de Jouvenel, Michael Oakeshott, Raymond Aron, Carl Schmitt, Arnold Gehlen, Karl Deutsch. Die Heterogenität der Ansätze ist natürlich evident, das ist bürgerliches Philosophieren, aber es besteht auch kein Zweifel, daß sich hier nach Eliminierung des je bloß subjektiv-zufälligen ein Bestand bürgerlicher politischer Philosophie aufzeigen ließe, der sowohl in der Verwurzelung in den großen Traditionen wie in der Widerstandsfähigkeit gegenüber totalitären Ideologien einen stabilen Ausgangspunkt für das offensive Denken ergäbe.

Die polemische Auseinandersetzung mit den Schwundstufen gegenwärtigen Philosophierens stellt eine notwendige Aufräumungsarbeit dar. Das Aufzeigen der Auffanglinien der Vergegenwärtigung historischen Denkens und der Fluchtburg politischer Philosophie in der Gegenwart konnte nur ein Übergang zu dem Versuch sein, den Aufgabenbereich der Philosophie in offensiver Weise für die Gegenwart zu bestimmen. Dieser Versuch soll nunmehr im dritten Teil erfolgen, und es bleibt noch einmal daran zu erinnern, daß der Versuch, polemisch eingeleitet und programmatisch durchgeführt, nicht schon selbst Philosophie ist, sondern eben nur Programm einer solchen.

III. Die Aufgabe der Philosophie

1. Die philosophische Arbeit

Philosophieren bedeutet, sich theoretisch zur Welt zu verhalten, Philosophie ist das zur Sprache gebrachte theoretische Weltverhältnis. Derjenige, der das theoretische Verhältnis zur Welt sowie die Arbeit an dessen sprachlicher Darstellung für sich habitualisiert, ist ein Philosoph.

In diesen Sätzen ist vor allem zweierlei wichtig. Einmal geht es um etwas sehr Allgemeines, nämlich das theoretische Verhältnis zur Welt. Insofern Menschen nicht einfach ein Stück Welt oder ein Teil der Natur sind, insofern sie sich zur Welt oder zur Natur verhalten müssen, ist das Verhältnis zur Welt, d.h. zu aller Wirklichkeit als das Allerallgemeinste gegeben. Weder das, was der Mensch braucht, noch das, was er will, ist unmittelbar für ihn da. Alles, was er braucht, muß bewerkstelligt werden, nichts fällt ihm zu. Was immer er haben will, muß er sich vornehmen, was immer er vollbringen will, muß er bedenken. Alle Lebensvollzüge werden ihm zu Verhältnissen, seine Wirklichkeit ist die von Verhältnissen. Ein Mensch existiert nicht einfach, sondern seine Existenzweise ist die Selbstbehauptung – er muß immer mindestens zwei Momente in eine Beziehung setzen, sich selbst und damit den Gegenstand – Subjekt und Objekt. So wird menschliches Leben, Dasein oder Praxis grundsätzlich theoretisch. Die Existenzweise der Selbstbehauptung zwingt den Menschen zu zweierlei: einmal dazu, das, was er will, braucht, was notwendig ist, planend, ratschlagend, überlegend vorwegzunehmen: da er auf keine bestimmte Natur festgelegt ist, ist Leben ein Umsetzen von prinzipiellen Möglichkeiten. Zum zweiten ist er aber gezwungen, das theoretische Verhältnis abzukürzen oder hintanzustellen, weil er sonst nicht am Leben bleibt und es ihm ergeht wie Buridans Esel. Praxis ist Selbstbehauptung und das theoretische Sistieren von Praxis, das bedenkende Innehalten ist sinnvoll nicht als dieses, sondern insofern es auf bessere Praxis geht.

Der Mensch ist unausweichlich ein theoretisches Wesen, seine Praxis ist nie selbstverständlich. Was aber bedeutet hier ‚der Mensch'?

‚Der Mensch' ist die allgemeine Art, vom Menschen zu sprechen und diese Redeweise entspricht in der Tat menschlicher Existenz, die immer gesellschaftlich ist. Die Menschen erhalten sich in Kollektiven und die Chance für das Individuum ist die, daß es selbst in seiner Praxis nicht Mensch im allgemeinen Sinne zu sein braucht. Gesellschaftliches Arbeiten ist die Grundbestimmung von menschlicher Existenz schlechthin, gesellschaftliches Arbeiten aber bedeutet Arbeitsteilung. Arbeitsteilung setzt Organisation voraus, auch die arbeitsteiligen Verhältnisse verstehen sich nicht von selbst, sondern sind ihrerseits wieder etwas, das gemacht werden muß – wenn sich Menschen erhalten wollen, muß die Unmittelbarkeit individueller Bedürfnisbefriedigung zugunsten der Organisation der Arbeitsteilung sistiert, aufgeschoben, vermittelt werden und dieses fundamentale Inswerksetzen, diese Verwirklichung menschlichen Daseins als solchen ist übrigens die Arbeit der Politik; menschliche Praxis ist also immer so theoretisch wie politisch. Die arbeitsteiligen Zusammenhänge, diese nur gesellschaftlich mögliche Selbstbehauptung der Menschen verteilen die einzelnen Aktivitäten der gemeinsamen Arbeit auf die Individuen. Da eine solche Verteilung zwar einerseits absolut notwendig, andererseits weder von vornherein selbstverständlich ist, noch auch je selbstverständlich wird oder bleibt, muß es ein Subjekt der Politik geben. Das Subjekt der Politik und seine Funktion der Fundamentalordnung des kollektiven oder des allgemeinen Daseins gerät dann in Gegensatz zu dem ursprünglichen Selbstbezug des Individuellen, den es doch erst ermöglicht: eben diesen Widerstand, diesen Gegensatz lebbar zu machen, ist die Arbeit der Politik. Politik ist die praktische Verwirklichung menschlicher Existenz als Vermittlung des Besonderen und des Allgemeinen. Je extremer sich das Besondere als Besonderes zur Geltung zu bringen sucht, um so notwendiger ist die Arbeit des politischen Subjekts. Es ist das Merkmal des Besonderen, daß es seine Praxis von sich selbst her bestimmt und daß es infolgedessen in mehr oder weniger scharfen Gegensatz zum politischen Subjekt geraten kann. Das politische Subjekt tritt ihm dann notwendigerweise nur negativ gegenüber, die Spannungen zwischen dem Besonderen und dem Allgemeinen wachsen – je differenzierter die Gesellschaft, desto mehr.

Philosophie ist in der arbeitsteiligen Gesellschaft die individuelle Befassung mit dem theoretischen Moment in menschlicher Praxis schlechthin. Jede menschliche Praxis bringt in ihrer arbeitsteiligen Entwicklung eine spezifische Theorie hervor. Der alte Jäger kann zwar selbst nicht mehr auf die Jagd gehen, aber er weiß noch, wie es gemacht wird, und dies verselbständigte Moment des Wissens gibt er an die jungen Leute weiter. Das gesammelte Wissen über eine spezifische Praxis ist Wissenschaft. Die Einsicht in die allgemeinen Zusammenhänge menschlichen Daseins, in die fundamentalen Notwendigkeiten jeder Praxis schlechthin ist Philosophie. Philosophie ist das Wissen um die Gründe und die Ursachen aller menschlichen Praxis. Um die philosophische Arbeit als individuellen ‚Beruf' zu ermöglichen, muß die gesellschaftliche Arbeitsteilung verhältnismäßig fortgeschritten sein. Da Philosophie nicht Wissenschaft ist, muß sie aufs Ganze gehen. Das bedeutet nicht, daß sie ‚universal' sein muß im Sinne des Alleswissens. Aber die fundamentale Verwirklichung der menschlichen Existenz ist ihr theoretischer Gegenstand. Insofern diese Fundamentalisierung menschlicher Existenz die allgemeine Realisierung des Besonderen ist, muß Philosophie sich im wesentlichen um diese beiden Momente kümmern, ihr Spannungsverhältnis, das von unbewußten Selbstverständlichkeiten – Naturwüchsigkeit – bis zu extremen Dissoziationen – Entfremdung – reichen kann, muß sie als denkbares darstellen. Das bedeutet, daß sie das ‚Recht' des Besonderen ebenso festhält wie das ‚Recht' des Allgemeinen. Der Bewußtlosigkeit einer Anarchie des Besonderen gegenüber wird sie die Vernunft des Allgemeinen geltend machen und der Bewußtlosigkeit purer Herrschaft gegenüber wird sie auf dem Recht der Freiheit bestehen. Als Philosophie ist sie nur ‚wahr' oder sinnvoll, solange sie auf die arbeitsteilige Praxis bezogen bleibt und in dieser Praxis ihren Stellenwert bestimmen kann. Die Wahrheit der Philosophie ist die von ihr dargestellte Wirklichkeit, der sie weder durch Auslassen noch durch Hinzufügen Gewalt antun darf.

Ein zentrales Problem der Philosophie ist es, daß sie jedermanns Sache betreibt, aber gleichzeitig eine hochspezialisierte Arbeit ist. Jede menschliche Praxis hat mehr oder weniger auch das Moment des Aufgeschobenen, des Innehaltens, des Überlegten, der Reflexion, aber die Philosophie ist dies Moment als Selbständiges, als Verselbständigung, als Solches. Menschliche, normale Existenz hat auch im Augenblick des Innehaltens ihre Bestimmtheit durch die selbstbehauptete Praxis, aber Philosophie sistiert praktisches Handeln grundsätzlich, um aus dem Moment des Theoretischen alles herauszuholen, was herauszuholen ist und indem sie darin von jeder bestimmten Praxis absieht. Damit muß sie von der normalen Praxis her in den Geruch kommen, mit Wirklichkeit nichts zu tun zu haben und es ist eine ihrer Aufgaben, zu zeigen, daß dies trotzdem der Fall ist. Bei der Bewältigung dieser Aufgabe kann sie nicht davon ausgehen, von jedermann verstanden werden zu wollen. Gleichzeitig muß sie freilich zeigen, daß es ihr in der Tat um jedermanns Sache geht. Das Wichtigste an der Philosophie ist, daß sie sich nichts ausdenkt, jede Philosophie ist um so besser, je weniger sie erfindet. Sie muß jederzeit auf Anfrage bereit und in der Lage sein, mit zwei, drei Schritten die Wirklichkeit einzuholen und diese Schritte müssen nachvollziehbar sein, wenn anders es denn eine Kontrolle an der und aus der Wirklichkeit überhaupt geben soll.

Wenn die Wirklichkeit als solche die Arbeit der Philosophie bestimmt, dann muß diese mit zweierlei rechnen. Wirklichkeit ist erstens etwas, das voll von Widersprüchen ist und zwar fundamental. Unverkürzte Wirklichkeitsabsicht kann also in der Philosophie nicht zur Harmonisierung führen. Wenn Besonderes und Allgemeines ein Ganzes sind, so sind sie deswegen nicht dasselbe. Und Wirklichkeit entwickelt sich, d.h. die Formen, in denen Widersprüche auftauchen, ausgetragen werden und miteinander kämpfen, sind je historisch. Da philosophische Arbeit kein Einfahren in die Scheuer ist, kein Aufstapeln von Wahrheiten, sondern die – mehr oder weniger gelungene – Demonstration der Zusammenhänge des Ganzen, so kann sie ihr Wissen nur sehr bedingt akkumulieren. Jede Philosophie ist widerlegbar durch die Entwicklung der Wirklichkeit, aber es geht dann nicht darum, heute zu zeigen, daß die Philosophie von gestern ‚falsch' war, sondern daß sie die heutige Wirklichkeit nur bedingt trifft. Die Arbeit der Philosophie beginnt immer von neuem, wobei jener Kritik aus Wirklichkeit freilich fast immer entgegengehalten werden kann, daß, wenn die heutige Wirklichkeit auch tatsächlich eine neue ist, sie doch ein Resultat aus gestern und ehegestern darstellt – Philosophie muß also ebenso heute neu sein, wie sie zeigen kann, daß sie, wenn sie gut ist, doch auch nicht so schnell veraltet.

Damit wären wir bei der Frage nach der Qualität von Philosophie: Wie jede Arbeit kann Philosophie gut, mittelmäßig und schlecht getan werden. Hier sollen noch nicht Einzelkriterien für die Leistung der Philosophie aufgestellt werden, das würde schon zu weit in die Methodenfrage führen und wird weiter unten, nach Erörterung der Abgrenzungsprobleme, ausgeführt werden. Hier soll erst auf das Problem der besseren oder schlechteren Bedingungen für die philosophische Arbeit in Bezug auf deren Grundlage, Wirklichkeit als menschlich-gesellschaftlich, eingegangen werden.

Zunächst muß diese Wirklichkeit einen gewissen Grad der Entwicklung, d.h. der Arbeitsteilung aufweisen und der allgemeine Versorgungsstand der Gesellschaft muß so weit gediehen sein, daß es möglich ist, zwischen Individuum und unmittelbarer Bedürfnisbefriedigung die Philosophie einzuschalten. Ohne Arbeitsteilung keine Philosophie. Es ist durchaus konsequent, zu sagen, daß die Existenz von Philosophie aus spezifisch menschlicher Tätigkeit die Arbeitsteilung voraussetzt, aber es ist natürlich bloßes Ausdenken, von der ‚Aufhebung der Arbeitsteilung' eine bessere Qualität menschlicher Wirklichkeit zu erwarten.

Der Herausforderungscharakter, d.h. die Widersprüchlichkeit einer historischen Wirklichkeit, kann unterschiedlich entwickelt sein. Erst wenn überlieferte Geltungen mit neuen Bedürfnissen in Streit geraten, wenn Legimitationen in Frage gestellt sind, wenn politische Stabilitäten aufgesprengt werden, wenn sich Horizonte erweitern, wenn die Spannung zwischen dem einfachen Selbstbewußtsein des Besonderen und seiner Aufhebbarkeit ins Allgemeine anwächst, wenn geglaubte Sicherheiten in die Brüche gehen, dann wächst das Bedürfnis nach Philosophie, dann erhält die Zeit jenen Herausforderungscharakter, den die Philosophie zur Sprache bringt: es muß neu gedacht werden. Es gehört zu der grundsätzlichen Problematik der philosophischen Arbeit, daß die Zeiten hohen Herausforderungscharakters, also solche Zeiten, in der die spannungsgeladene Wirklichkeit der Philosophie große Aufgaben stellt, solche philosophische Arbeit zwar erzwingen, der Durchführung dieser Arbeit aber nicht günstig sind. Denn die philosophische Arbeit bedarf der Schonräume, ruhiger Stellen, abgelegener Beobachtungsposten. Philosophie ist weder auf Schlachtfeldern noch auf Barrikaden zuhause, es ist ja ihre Arbeit, die Welt dadurch lebbar zu machen, daß sie sie als denkbare zeigt. Das bedeutet, daß sie an Verhältnissen interessiert sein muß, die sie selbst ermöglichen, was Fichte einmal in die einfache Formel kleidete: Jeder Staat, in dem meine Bücher erscheinen dürfen, verwirklicht wenigstens rudimentär Freiheit. Wenn heute eine Gesellschaft von Seiten solcher, die sich auch wohl für Philosophen halten, als ‚repressiv' kritisiert wird, weil in ihr alles erscheinen kann, so sollte man sich daran erinnern, daß eben dies nicht selbstverständlich ist. Es sind Verhältnisse vorstellbar und es gibt sie, wo die Philosophie ehrlicherweise zugeben muß, daß sie ihre Arbeit nicht tun kann, weil das bestehende Allgemeine schlechterdings nicht mit dem Besonderen vermittelt gedacht werden kann. Das ist der Fall, wo es sich um reine Gewaltverhältnisse handelt. Hier würde die Philosophie sich als Philosophie verraten, wenn sie den Mund aufmachte, sie muß dann entweder schweigen oder kämpfen. Das kann natürlich auch bedeuten, daß alle diejenigen, die sich der Arbeit der Philosophie zugunsten eine Parteilichkeit entziehen, dies theoretische Versagen damit rechtfertigen, daß die Zeit eben eine solche sei, in der man nur noch kämpfen könne. Partei zu ergreifen kann niemandem verwehrt werden, aber wenn der schwache Theoretiker Partei ergreift, weil ihm etwa unklare Vorstellungen von ‚Theorie und Praxis' im Kopf spuken, so bedeutet dies noch lange nicht, daß die Philosophie ebenso am Ende ist, wie jener, auch wenn er sich noch so sehr bemüht, die Gegenwart als absolute Repression hochzustilisieren, um sein eigenes theoretisches Versagen zu kaschieren.

Wie philosophische Arbeit mittelmäßig und schlecht getan wird, ist oben gezeigt. Die befriedigende Antwort darauf, wie sie gut zu tun ist, kann programmatisch nur angedeutet werden, diese Antwort ist die Durchführung der Philosophie selbst.

Es läßt sich zeigen, daß bestimmte Wirklichkeiten, bestimmte Zeiten objektiv nach Philosophie schreien, aber diese Objektivität bedeutet nicht, daß regelmäßig eben dann auch Philosophie entsteht. Es gibt eine Reihe von Surrogaten: Ideologien, Indoktrinationen oder einfach Gewalt und Terror. Philosophie wird nicht naturwüchsig hervorgebracht, auch in einer Zeit, die objektiv eine Herausforderung der Philosophie darstellt, ist das Entstehen von Philosophie oder die Inangriffnahme oder Bewältigung der philosophischen Arbeit davon abhängig, ob sich Individuen finden, die genau dies tun oder zu tun versuchen. Die Umstände, die Verhältnisse, können die philosophische Arbeit begünstigen, behindern oder gar verhindern, sie können sie nicht hervorbringen. Das philosophische Individuum ist nie das Ensemble gesellschaftlicher Verhältnisse, auch wenn die Philosophie schließlich zu einem affirmativen Verhältnis zu ihrer Zeit sich durcharbeitet, so ist sie immer geboren aus dem Nein, aus der Fähigkeit, sich quer zu den Verhältnissen zu legen. Die Philosophie ist jene menschliche Arbeit – neben der der Kunst – die durch ihre eigene Existenz und in ihrer eigenen Existenz Freiheit voraussetzt – deshalb ist auch die oben mitgeteilte einfache Formel Fichtes im Kern so philosophisch. Wo Philosophie möglich ist, da ist Freiheit – vielleicht zu wenig, aber das Feuer glüht noch. Philosophie als Konzentration einer individuellen Existenz auf das Moment des Theoretischen im menschlichen Dasein ist notwendigerweise Ausnahme: die Menschheit kann nicht philosophisch existieren. Es ist ebenso töricht, alle Menschen – oder alle Bürger – zu Philosophen machen zu wollen, wie es töricht ist, dies den Herrschern zuzumuten. Wie die Geschichte der Philosophie zeigt, von Platon über Fichte zu Marx, liegt diese Versuchung von der Philosophie her durchaus nahe. Wenn der Philosoph schon die Wirklichkeit auf den Begriff gebracht hat, dann möchte er ihr auch gar zu oft und gar zu gerne auf die

Sprünge helfen. Aber die Distanz zur unmittelbaren Wirklichkeit ist die Ermöglichung von Philosophie, wobei diese Distanz aus der intimen Kenntnis der Wirklichkeit stammt, nicht etwa aus Kurzsichtigkeit.

Wenn wir alle Bestimmungen der philosophischen Arbeit zusammennehmen, würde sich aus deren außerordentlicher Widersprüchlichkeit ein Muster ergeben, das künstlich herzustellen oder dessen Produktion gesellschaftlich organisieren zu wollen, als ganz und gar unmöglich erscheinen muß. Die widersprüchlichen Elemente der Philosophie machen ihr Auftreten eigentlich unwahrscheinlich, die Lösung des Problems der Philosophie kann nur ein Individuum sein, das diese Arbeit zu der seinen macht, weil die Kombination unwahrscheinlicher Anlagen, Erfahrungen, Lernprozesse, Entfaltungschancen usw. es dazu, zufälligerweise, wenn man will, befähigt. Die Existenz freilebender Individuen ist die absolute Voraussetzung für Philosophie, gleichzeitig stellt sie eine strukturelle Gefährdung der philosophischen Arbeit dar. Denn die Natur jedes Individuums ist Selbstbehauptung, deshalb wird auch der philosophische Zugriff von daher gesteuert, motiviert und ausgestaltet sein. Die Arbeit der Philosophie besteht dann in der Umsetzung, der Vermittlung, der Rücknahme des bloß Individuellen; das Ergebnis, das schließlich als Philosophie zustande kommt, muß sich vom Individuum ablösen lassen.

Die philosophische Arbeit ist es, unter den konkreten Bedingungen einer bestimmten Gegenwart das Verhältnis des Besonderen zum Allgemeinen in einer Weise zur Darstellung zu bringen, die den Notwendigkeiten des Allgemeinen gerecht wird und die der Freiheit des Besonderen einleuchtet. Die Konfrontation ist die des Einzelnen und der gesellschaftlichen Wirklichkeit. Wie alle Arbeit, so kann auch diese nur in Überwindung von Widerständen vor sich gehen, Philosophie muß der Wirklichkeit abgearbeitet werden und steht unter dem unaufhebbaren Verdikt der Anstrengung. Die Wirklichkeit gibt ihre Wahrheit nicht von selber her. Ja, wir müssen weitergehen und festhalten, daß die Wirklichkeit als das festgehaltene Gegenüber zum Individuum bloß von sich her überhaupt keine Wahrheit hergibt. Es ist weder etwas mit Positivismus noch mit Widerspiegelungstheorien. Von Wahrheit kann nur die Rede sein, insofern das Ganze anvisiert wird, und dazu gehört das subjektive Moment. Insofern dies aber in die Wirklichkeit einbezogen ist, ist diese reflexiv, der Mensch verhält sich zur Wirklichkeit und konstituiert Wirklichkeit also auch in diesem Verhältnis. „Die Verhältnisse, sie sind nicht so" sang der Kleinbürger und entschuldigte damit deren objektive Unmenschlichkeit und seine subjektive Anpassung. In der Tat sind die Verhältnisse nie bloß so oder anders, sondern immer gemachte, sind Resultate menschlicher Arbeit. Das philosophierende Individuum kann sich zu den Verhältnissen nicht nur beschreibend verhalten, auf diese Weise kommt entweder ein Roman zustande oder positive Soziologie, die, wie man sieht, mehr mit dem schlechten Roman zu tun haben kann, als sie das der Philosophie unterstellt. Insofern Philosophie die Wahrheit des Ganzen will, muß sie das Verhältnis des philosophierenden Besonderen zum Allgemeinen der Verhältnisse in diese allgemeinen Verhältnisse mit aufnehmen, d.h. sie muß in den Verhältnissen das Verhältnis des Besonderen zum Allgemeinen überhaupt herausstellen. So kann sie aufs Ganze zielen, aber das Ganze hat eine zweifache Unendlichkeit. Von der Objektivität her die absolute Vielfalt von Einzelheiten, von der Subjektseite her die absolute Unendlichkeit der Reflexion, die, wenn sie ein Verhältnis dargestellt hat, sich wieder zu diesem Verhältnis verhält und so fort. Das Ganze kann nur zur Darstellung kommen in einem individuellen Entwurf, der die schlechte Unendlichkeit überwindet, indem er diesem Ganzen die Bedingungen seines Erscheinens vorschreibt. Nur so kann die schlechte Unendlichkeit der Wirklichkeit zur Darstellung kommen, so kann Welt gedacht werden.

Keine Wirklichkeit gibt ihre Wahrheit von selbst her. Wahrheit ist ein Ergebnis der Vermittlung von Subjekt und Objekt. Philosophie kann nicht abwarten, bis sie Wahrheit ‚vernimmt'. Philosophie ist offensives Denken, sie richtet Wirklichkeit zu, sie konstituiert Wahrheit und bringt Wirklichkeit in ihr unter. Philosophie ist eine fundamentale theoretische Ordnungsleistung, eine Arbeit, die die Wirklichkeit als wahre, als begreifbare darstellt. Auch retrospektiv ordnet sie Welt, nicht als bloßes Material, sondern in der zusammensetzenden Erkenntnis von deren Menschlichkeit. Philosophie ist kreativer Entwurf, sie besteht auf der Begreifbarkeit der Wirklichkeit: begreifen ist aber eine aktive Kategorie. Philosophie hält Welt denkbar, d.h. sie macht sie sinnvoll. Philosophie ist Darstellung von Sinn als Herstellung von Sinn, Arbeit am Sinn und Sinngebung.

Dabei erfindet sie nichts, sondern arbeitet der Wirklichkeit ihre Wahrheit ein und ab wie die Menschheit seit je Wirklichkeit zu der ihren gemacht hat. Auf diese Art und Weise macht sie Wirklichkeit zu einem Ganzen, komplettiert Welt im Begriff. Die Philosophie ist das theoretische Paradigma menschlichen Arbeitens, sie stellt Wirklichkeit dar, indem sie ihr, sich auf sie einlassend, das Zeichen der Humanität aufzwingt. Philosophie ist konstruktiv und damit auch kritisch, freilich eher beiläufig: indem sie ordnet, kann sie unterscheiden zwischen schlechter und wahrer Wirklichkeit. In ihrer Arbeit setzt sie eine Persönlichkeit ein, aber sie ruht nicht, bis sie die Spuren des bloß Individuellen wieder getilgt hat. Darin besteht ihre Strenge – ihr Verfahren ist objektivierbar. Kriterien dafür müssen angebbar sein.

Wie alle anderen grundlegenden Weltverhältnisse – Politik, Arbeit, Wissenschaft, Kunst, Religion – ist auch das der Philosophie unverwechselbar und unaustauschbar. Es schafft je eine eigene Weltsicht aus einer genuinen, nicht ersetzbaren Aufgabe, der nämlich, das Ganze im Griff zu behalten. Von der Objektivitätseite liegt ihr der Bereich der Politik am nächsten, daher denn Philosophie in der Reflexion des Politischen Grund finden kann. Von der Subjektseite liegt ihr der Bereich der Kunst am nächsten, daher denn alle Philosophie Werkcharakter hat und Spontaneität, d.h. Freiheit voraussetzt. Obwohl festgehalten werden muß, daß die Aufgaben der verschiedenen menschlichen Weltverhältnisse nicht substituierbar sind, kann eine Analogie zur Kunst zur Erläuterung herangezogen werden.

Von Picasso ist der Ausspruch überliefert: „Ich arbeite nicht nach der Natur, sondern wie die Natur“. Hier interessiert nicht der Naturbegriff. Worauf es ankommt ist, ausgehend von dieser Formulierung, zu zeigen, daß Kunst als ein genuines Weltverhältnis eine Wirklichkeit schafft, die nach ihren eigenen Kriterien beurteilt werden muß. Diese Kriterien zu kennen, muß dem Kunstwissenschaftler überlassen bleiben, jedenfalls aber ist es durchaus sinnlos, weil der Sache nicht adäquat, die Kunst etwa einer angenommenen Wirklichkeit zu unterwerfen, die sie wiedergeben oder abzubilden habe, der sie ähnlich sein müsse usw.. Kunst kann nur an Kunst gemessen werden, jede Unterordnung der Kunst unter die Gesetze eines anderen Weltverhältnisses bringt sie um, sei es die Unterordnung unter die Philosophie oder die Politik oder die Arbeit. Wie Kunst gehört auch Philosophie mehr auf die Subjektseite: ihre spezifische Leistung, die Wahrheit, geht aus vom Individuum, dessen Spontaneität ebenso unentbehrlich ist, wie sie als bloß diese im Werk zugunsten von dessen Objektivität zurückgenommen ist. Dieser Umsetzungsprozeß ist natürlich in beiden Fällen auch wieder Arbeit, ohne daß deren spezifisches Weltverhältnis – Selbsterhaltung, Nützlichkeit, Effektivität – für die Beurteilung von Kunst oder Philosophie etwas hergeben könnte. Kriterien für das Gelingen der philosophischen Arbeit, d.h. für die Ablösbarkeit der Philosophie aus den individuellen Entstehungszusammenhängen sind zu entwickeln, davon wird weiter unten die Rede sein. Abzuwehren ist hier zunächst eine Zumutung, die an Kunst ebenso wie an Philosophie herangetragen zuwerden pflegt, es ist die Aufforderung ‚sich zu engagieren'. Weder der Kunst noch der Philosophie wird etwas hinzugefügt, wenn der Künstler oder der Philosoph sich für gesellschaftliche Ziele oder Wertvorstellungen ‚engagiert'. Der Philosoph beantwortet die Frage nach seinem Engagement mit besserer Philosophie. Die Notwendigkeit eines über die Arbeit an der Sache hinausgehenden ‚Engagements' zu betonen ist ein Zeichen künstlerischer oder philosophischer Impotenz. Wenn der Philosoph revolutionieren will, dann revolutioniere er die Philosophie.

Eine andere Frage ist die nach der möglichen Breitenvermittlung. Wie alle reinen Darstellungen genuiner Weltverhältnisse ist auch Philosophie im Kern esoterisch. Es ist sinnlos, ihr dies ankreiden zu wollen und es ist sinnlos, zu erwarten, jedermann müsse sie verstehen. Sie kann sich nicht auf die Vermittlung von ein wenig Wahrheit einlassen. Sie kann aber, und das ist auch abforderbar, die Wahrheit versuchen so darzustellen, daß jeder, der will, eigene Anstrengungen vorausgesetzt, an ihr teilhaben kann. Zumutbar ist eine solche Anstrengung ebensowenig wie die Philosophie kommandierbar ist.

Des weiteren muß die Philosophie sich hüten, irgendwelchen gesellschaftlichen Nützlichkeitsvorstellungen entsprechen zu wollen. Mit dem Hinweis auf gesellschaftlichen Nutzen läßt sich keiner Philosophie auch nur eine Elle zusetzen, die Zumutungen aus diesem Bereich beantwortet die Philosophie mit der Arbeit an besserer Philosophie. Das ist, was notwendig ist, alles andere wird ihr hinzugegeben werden.

Es sind so Zeiten wie Völker denkbar, in denen niemand mehr auf Philosophie hört, wahrscheinlich sind sie nicht. Philosophie ist die Realisierung eines menschlichen Weltverhältnisses, die unersetzbar ist. Die Welt braucht immer die Wahrheit, deshalb braucht sie immer Philosophie.

Solche Bemerkungen über Philosophie, ihre Eigenständigkeit und ihre Wahrheit haben den Nachteil, daß sie zeitgenössischen Ohren fast unerträglich pathetisch klingen. Der vornehme Ton in der Philosophie ist das nicht. Pessimismus scheint angebrachter.

Aber weder Pessimismus noch Optimismus sind philosophische Kategorien. Und wie soll sich ein Philosoph sinnvollerweise selbst verstehen, wenn er den Anspruch dieses spezifischen Weltverhältnisses aufgibt? Daß Philosophie in dem hier angesprochenen Sinne als solche nur je in Annäherungen realisiert wird, ist klar. Wie aber sollen Philosophien beurteilt werden, wenn nicht nach Maßgabe der in ihnen zur Sprache gebrachten Wahrheit? Der Philosoph, der auf diesen Anspruch verzichtet, gibt sich als Philosoph auf – er kann freilich unter diesem angemaßten Titel noch komfortabel existieren, wie der Abschnitt über Steine und Schlangen zeigt.

Der Philosoph darf aus seiner Unfähigkeit zur Wahrheit nicht die Tugend der Bescheidenheit machen. So hört man immer wieder, es komme in der Philosophie darauf an, Fragen zu stellen, nicht aber, Antworten zu geben. Natürlich kommt es auf Antworten an. Jemanden zu lehren, intelligent zu fragen, mag ein heuristischer Schritt sein, wenn man ihn jedoch nicht auch lehrt, Antworten zu suchen oder zu finden, hätte man besser gar nicht erst angefangen. Diese falsche Ehrfurcht vor der Wahrheit steht der Philosophie schlecht zu Gesicht. Denn es ist recht eigentlich die Wahrheit, für die sie zuständig ist. Und diese Wahrheit ist natürlich menschlich und von dieser Welt. Verzichtet man auf die Arbeit der Philosophie, dann überantwortet man die Welt den Göttern oder der Dummheit, sie hört dann jedenfalls auf, menschlich zu sein. Daß aber eine so unbegriffene Ehrfurcht vor der Wahrheit die Philosophen so häufig kapitulieren läßt, ist eine Folge jener Zeitalter, die die Wahrheit so verabsolutieren, daß sie Menschen nicht mehr zugänglich sein konnte, ein Vorgang, für den plausible Gründe aufzuführen sind. Sowohl in der Konkurrenz zu religiöser Transzendenz wie zu diesseitiger ideologischer Dummheit muß Philosophie ihre Wahrheit behaupten. Und das bedeutet, daß sie sich Gedanken über Abgrenzungen machen muß.

Einstweilen wird Philosophie überleben und es braucht einem um sie nicht bange zu sein. Es gibt kein wirkliches Äquivalent für sie – es sei denn ein Paradies auf Erden – und so braucht sie nur wenig Luft, d.h. Freiheit, um lebendig zu bleiben. Skepsis gegenüber der Philosophie hängt zusammen mit unangemessenen Erwartungen, kein Philosoph ist so naiv anzunehmen, daß er die Wahrheit bloß darstellen müsse, um die menschliche Praxis entsprechend zu ändern. Gegen falsche Erwartungen muß Philosophie sich ebenso verwahren wie sie sich gegen falsche Konkurrenz behaupten muß.

Zum Schluß dieses Abschnittes sei ein leicht verändertes Zitat wiedergegeben, in dem der Schriftsteller Raymond Chandler über seine Arbeit spricht; diese Arbeit bestand darin, Detektivgeschichten zu schreiben. Es gibt wenig, was in diesem Zusammenhang so gut auf die Arbeit des Philosophen paßt; zumindest läßt sich durch dieses Zitat das Pathos dieses Anspruches ironisieren.

„Sie stellt, das muß man doch sagen, eine Form dar, die nie wirklich übertroffen werden kann und alle, die ihren Niedergang und Fall prophezeit haben, sind aus eben diesem Grund mit ihrem Urteil gescheitert. Da sie nie zur Vollkommenheit gelangte, ist sie auch nie endgültig der Erstarrung verfallen. Sie ist immer noch fließend in Bewegung, ist immer noch zu mannigfaltig, um sich einfach klassifizieren und abstempeln zu lassen, und immer noch wartet sie nach allen Richtungen mit neuen Überraschungen auf. Kein Mensch weiß eigentlich genau, was ihr diese Kraft verleiht, und man kann in ihre Definition keine einzige Eigenschaft eintragen, die dann nicht doch in irgendeinem erfolgreichen Beispiel wieder fehlte. Sie hat mehr Schund hervorgebracht als jede andere menschliche Arbeit und doch zugleich auch mehr Wahrheit als jede andere".

2. Abgrenzungen

– *Falsche Erwartungen*

Eine der intellektuellen Herausforderungen, auf die dieser Text antwortet, ist das Gerede vom ‚Ende der Philosophie', von ihrer Überständigkeit, von ihrer Unzeitgemäßheit usw.. Wieso eine Reihe von kritischen Beobachtern des gegenwärtigen philosophischen Betriebs von dessen Zustand her zu einer solchen Beurteilung kommen muß, ist im ersten Teil dieser Schrift deutlich gemacht worden: Es gibt so viele Philosophen, die, bewußt oder unbewußt, die Philosophie im strengen Sinne bereits aufgegeben haben, daß man es gerade den Freunden der Philosophie nicht übel nehmen kann, wenn sie an ihr zweifeln oder verzweifeln. Solche Überzeugungen vom Ende der Philosophie, die auf deren desolaten Istzustand zurückzuführen sind, kann man nur ausräumen durch die Darstellung besserer Philosophie im hier ausgeführten Sinne. Anders ist jedoch die Situation da, wo man aus den Fragen, die an die Philosophie gerichtet werden, schließen muß, daß auch eine erneuerte Philosophie im hier explizierten Verstande, jenen Fragen keine oder nur unbefriedigte Antworten geben könnte. Kurz, die Zweifel an der Lebendigkeit der Philosophie sind nur zum Teil aus deren gegenwärtig höchst unbefriedigendem Zustand genährt, sie resultieren zum größten Teil auch einfach daraus, daß an die Philosophie Erwartungen gerichtet werden, denen sie in keinem Fall entsprechen kann. Ich nenne diese falschen Erwartungen die Erwartung ‚ewiger Wahrheit', die Erwartung partikularer doktrinärer Bestätigung, die Erwartung der Handlungsrezepturen und die Erwartung der Lebenshilfe.

— *‚Ewige Wahrheiten'*

Die Frage nach der Erwartbarkeit ‚ewiger Wahrheiten' berührt natürlich das Problem des Verhältnisses von Philosophie zu Religion bzw. Theologie. Sowohl im Bereich der Religion wie in dem der Philosophie ist je ein grundsätzliches Weltverhältnis zu sehen, ein Weltverhältnis, das im Kern ebenso eindeutig geschieden ist, wie die Bereiche an den Rändern ineinander übergehen können. Es geht jedesmal um Sinn. Aber das Grundcharakteristikum der Philosophie ist Denken, das Grundcharakteristikum der Religion ist Glauben, oder — in der Theologie — Denken über Glauben.

Die Sinngebung der Philosophie ist menschlich, diesseitig und aktiv, ihre Wahrheit ist immer einsehbar, nachvollziehbar und deshalb in ihrer Strenge unbedingt zumutbar. Die Sinngebung der Religion ist vernehmend, ihre Wahrheit ist eine Wahrheit vom Typ des Findens, des Vorfindens, der Offenbarung aus der Jenseitigkeit — deshalb durchaus nicht zumutbar, d.h. nicht zwingend, religiöse Wahrheit wird geglaubt. Die Philosophie ist die aktive Erarbeitung von Sinn aus dem Ganzen diesseitiger Welterfahrung, sie hat infolgedessen immer nur den Sinn anzubieten, den die Welt geben kann, oder, politisch gesprochen, den Frieden, den die Welt geben kann. In der Religion geht es aber um Sinn oder einen Frieden, den die Welt eben nicht geben kann. Unsere Gesellschaft ist in ihrem Selbstverständnis so lange theologisch dominiert worden, daß uns der Sinn, der nicht von dieser Welt ist, auch als der höhere, als der eigentlichere Sinn vorkommt, obwohl es in Wirklichkeit nur ein anderer ist, dem ein ganz spezifisches Weltverhältnis, das des Glaubens eben, entspricht. Natürlich haben beide Orientierungsformen oder -leistungen miteinander zu tun. Gott ist die Utopie der Philosophie, aber Philosophie ist leider allzuoft auch die Zuflucht der theologischen Intellektuellen, die kein existenzielles Verhältnis zu dem geglaubten Gegenüber der Menschheit mehr haben; gerade aus letzterem resultiert eine Menge schlechtester Philosophie.

Jede Seite menschlicher Existenz muß erarbeitet werden, jedes Brot kann nur im Schweiße des Angesichtes verzehrt werden – wenn auch nicht jeder, der sein Brot verzehrt, dafür schwitzen mußte – das taten dann dafür andere. Arbeit ist Plage, ist nie endende Überwindung von Widerständen. Die Welt gibt von sich aus nichts mehr, der Mensch erhält sich durch Arbeit. Aber jede Arbeit erzeugt die Vorstellung ihrer Aufhebung, mit jeder mühevollen Vermittlung wird der Gedanke der Unmittelbarkeit gedacht. So bringt jede Arbeit, jede Mühe, jede Entzweiung eine entsprechende Utopie hervor. Die Anstrengung der Arbeit um das tägliche Brot und die Erfahrung des Hungers bringt die Vorstellung vom Land Cocaygne, vom Schlaraffenland hervor, das dadurch gekennzeichnet ist, daß die Natur die Mittel zur Stillung des Hungers von selbst, ohne Arbeit hergibt: Die gebratenen Tauben fliegen ins Maul. Die nie endende Plackerei der Politik bringt den Gedanken des ‚ewigen Friedens' hervor, eines Zustandes, in dem ‚all Streit ein Ende' hat. Die harte und frustrierende Mühsal menschlichen Zusammenlebens und -findens bringt die Vorstellung der Liebe hervor, übrigens die einzige Utopie, die Menschen punktuell realisieren können. Die Anstrengung des Begriffs mit dem Ziel der Erkenntnis der Wahrheit und der Erreichung von Sinn bringt die Utopie einer – notwendigerweise – jenseitigen Instanz hervor, die alle Wahrheit und allen Sinn menschlicher Existenz von sich aus hergibt, indem sie das alles offenbart. Der Glaube an das dämonische oder mystische oder göttliche Gegenüber hat natürlich entwicklungsgeschichtlich gesehen, noch andere Wurzeln, hier geht es aber um das Verhältnis von Religion zu Philosophie. Und da ist nichts so wesentlich, wie sich klar zu machen, daß Philosophie und Religion zwei Arten des Weltverhältnisses sind, die nicht ineinander überführbar sind. Bekannt sind die konstruierten Entwicklungslinien der Menschheit: Zunächst Religion, dann Philosophie, dann ein Zeitalter der Wissenschaft etwa. Aber alles dies sind nicht Formen, die sich auseinanderentwickeln, sonder ineinander nicht überführbare Arten des Weltverhältnisses. Religion ist auch als Theologie ebensowenig (exakte) Wissenschaft wie Philosophie.

Ein Problem für die Philosophie heute sind die Vorstellungen der Umschaltbarkeit vom Glauben auf Philosophie. Natürlich kann jemand die Theologie fahren lassen, weil er das religiöse Weltverhältnis nicht oder nicht mehr realisiert, es nicht mehr als seine Art des Weltverhältnisses vollziehen kann. Es ist keineswegs auszuschließen, daß er von daher zu strenger Philosophie findet, wahrscheinlicher ist ein anderer Fall. Man muß sich klar machen, daß der Glauben, wenn er gelingt, eine recht universale Konstituierung des Weltverhältnisses bedeutet im Gegensatz zu dem ‚Stückwerk' der anderen Weltverhältnisse. Religion als Christentum ist zu etwas geworden, das aus dem Anspruch lebt, nicht nur die Wahrheit zu sagen, sondern die Einzelexistenz auch bis in die Bereiche des Emotionalen, ja Sentimentalen, umfassend zu versöhnen, aufzuheben, anzuleiten und zu trösten. Das ist eine spezifische Leistung von Religion und natürlich ist es verständlich, daß jemand, der zwar den objektiven Glauben an Gott nicht mehr hat, die anderen Dinge doch nur ungern vermißt. Da Philosophie es mit Wahrheit zu tun hat, richten sich dann leicht auf sie die Erwartungen ‚ewiger Wahrheit' und absoluter Sicherheit, von den Trostbedürfnissen und Erbauungssehnsüchten noch ganz abgesehen. Das religiöse Bedürfnis ohne Glaubenskraft verlangt aber damit von der Philosophie etwas, was sie ihrer Natur nach nicht geben kann; das Philosophieren von Theologen ohne Glaubenskraft wird dann meist zu jämmerlicher Philosophie, wird zu einem Bastard, der infolge seiner Haltungslosigkeit dazu verdammt ist, sich mit Ideologien zu verbinden, Bewegungen nachzulaufen oder den Mangel an Orientierung durch sogenanntes Engagement zu kompensieren. Die letzten Dinge eines solchen Menschen werden schlimmer sein als die ersten.

Der eigentliche Feind der Philosophie ist die Partikularität, die sich für das Ganze setzt. Und so muß gerade die Absicht, Philosophie für eine partikulare Doktrin einzuspannen, zu einem der häufigsten Gründe werden, an der Philosophie zu zweifeln. Die Philosophie ist zwar jahrhundertelang als ‚ancilla' angesehen worden, aber wenn man sie auch den Besen hat führen lassen, so kann trotzdem nicht jedermann erwarten, daß sie ausgerechnet ihn karessiere. Die Philosophie ist ein schlechter Parteigänger; manch einer hat schon aufgehört, von der Philosophie etwas zu halten, bloß weil sie ihm nicht zu Willen war. Das bedeutet nicht, daß die Philosophie sich aus allem heraushält. Das würde ihrem Charakter als offensives Denken nicht entsprechen. Philosophie als freie und strenge Wahrheitsarbeit macht Front gegen die Unmenschlichkeiten von Ideologien, für deren Herrschaftsanspruch auch die Philosophie instrumentalisiert werden soll. Aber das kann nicht bedeuten, daß sie jetzt der Gegenseite die gleichen Dienste leistet, die ihr dort abgezwungen werden. Wenn anders denn unsere Welt noch irgend die Bezeichnung der ‚freien' verdient, dann muß Philosophie in ihr als freie möglich sein – ebenso wie die Kunst. Bei beiden wird es eine Menge Leerlauf geben und es ist vielleicht schwierig, Weizen in der Spreu zu erkennen. Philosophie kann die Freiheit als solche verteidigen und sie ist politisch genug, zu erkennen, wann es um die Verteidigung der Freiheit als dieser geht. Aber sie kann nicht mit Parteiungen kurzgeschlossen werden; Übereinstimmungen haben als zufällig zu gelten. Die Philosophie antwortet auf Ideologie nicht mit Gegenideologie, sondern mit dem Bestehen auf Freiheit und Wahrheit. Und ihre Wahrheit ist immer von der Art, die negativ zur Partikularität ist, d.h. die allen unbequem sein kann. Der Qualität einer Philosophie wird nichts hinzugefügt, wenn sie das Ohr eines Ministerpräsidenten hat oder wenn sie der Opposition gefällt. Befragt, wird sie antworten, aber sie wird nicht antworten, was das Gegenüber hören will, es sei denn, es geht um Freiheit und Politik in einem sehr grundsätzlichen Sinne. Nicht jeder freilich, der ‚Freiheit' auf seine Fahne schreibt, kann des

Beistandes der Philosophie sicher sein, ebensowenig wie jeder, der ‚Ordnung' will. Die Philosophie wird mit einer Gegenfrage antworten und den Frager zuerst ins Gebet nehmen. Niemand kann erwarten, daß die Philosophie ihm seine spezifische Doktrin als diese bestätigt, und staffiere er sie mit noch so erhabenen Ausdrücken wie ‚Progressivität', ‚Emanzipation' usw. aus.

– *Handlungsrezepturen*

Die Frage ‚Was sollen wir tun' ist eine alte philosophische Frage. Und all denen gegenüber, die die Meinung vertreten, daß die Philosophie diese Frage nicht (mehr) beantworten könne, muß sie darauf bestehen, das sie eben dies durchaus kann. Natürlich wird die Philosophie immer mit Freiheit antworten, das heißt, sie wird weder diejenigen befriedigen, die sich ans Gängelband nehmen lassen wollen noch diejenigen, die Tips verlangen, Handlungsrezepturen. Die Philosophie wird weder die Frage beantworten können, ob die Mehrwertsteuer erhöht werden oder ob man seiner heranwachsenden Tochter die Pille empfehlen soll. Aber eine der wichtigsten und zweifellos eine der vornehmsten Aufgaben der Philosophie ist es zum Beispiel, einen auch inhaltlichen und konkreten Bürgerbegriff aufzustellen, d.h. über die konkrete Praxis zu reden, in der das Besondere mit dem Allgemeinen politisch vermittelt sein kann. Die Philosophie läßt sich auf kein bestimmtes partikulares Interessenhandeln hin instrumentalisieren und wenn Soldaten mit Fichtes ‚Reden an die deutsche Nation' im Marschgepäck an die Front gezogen sind, so ist dies selbst in diesem Falle nicht die Schuld der Philosophie. Ebensowenig läßt sich aus der Philosophie eine Anweisung zum Bau von Barrikaden oder zum Herstellen von Molotow-Cocktails oder parlamentarischen Mehrheiten herausdestillieren. Philosophie bringt die Wahrheit des Ganzen zur Sprache, und insofern sie praktisch und politisch ist, sind Handlungsanleitungen erwartbar. Freilich stets unter der Voraussetzung des Allgemeinen. Das partikulare Interesse ist an Handlungsrezepturen oder an Tips interessiert. Die Philosophie verweist es auf das Allgemeininteresse und hat damit schon wieder eine Erwartung enttäuscht. Aber darauf besteht sie.

– *Lebenshilfe*

Dieser Abschnitt muß mit Vorsicht geschrieben werden. Es ist etwas anderes, ob man selbstzufriedene oder arrogante beamtete Philosophen als Gegenüber hat oder ob man mit solchen zu tun hat, die ganz individuell unter irgendeiner empfundenen Sinnlosigkeit leben und die daran leiden und unter diesem Aspekt Fragen stellen. Zunächst: Die Philosophie kann einer Biographie schon Sinn geben, wenn man sich dazu entschließt, sie als Beruf zu betreiben und wenn man die Arbeit nicht scheut. Nun läßt sich das von den meisten Berufen sagen; mit der Philosophie ist es aber vielleicht nur etwas anderes, weil sie die übliche Trennung von Berufs- und Privatleben eigentlich so nicht zuläßt, was positiv, unter Umständen aber auch negativ erlebt werden kann. Mit dieser in der Philosophie kaum aufrecht zu erhaltenden Trennung hat aber die Erwartung zu tun, von der hier die Rede ist. Sokrates ist ein Fall, der sich nicht so leicht vergißt. Ein Philosoph ist von der Erwartung her immer noch etwas anderes als ein Professor der Altgermanistik oder des konstruktiven Ingenieurbaus oder der Anatomie. Wird nicht von Philosophen auch irgend etwas wie ‚philosophische Haltung' immer noch erwartet? Philosophen sind auch Menschen, aber sollte nicht ihre Arbeit, zu der sie niemand gezwungen hat, ihrer Menschlichkeit doch eine kleine Spanne zusetzen, wenn es denn schon keine Elle ist? In Wirklichkeit ist es auch hier so, daß man eher jenen Typ findet, der die Probleme umgeht, indem er den zu kurz gewordenen Kleidern eine Handbreit Volants annäht. Philosophen sind auch Menschen. Sollten sie nicht aber doch, wenn schon nicht besser, dann doch wenigstens etwas anders sein als die anderen – in dem Sinne, daß ein Mensch von Menschen verlangen kann, daß ‚ein Verständnis her muß'? Philosophie hieß einmal Weltweisheit und im Niederländischen trägt sie bis heute den schönen Namen ‚Wijsbegeerte'. Müßte nicht ein Philosoph den Weltkindern etwas davon vermitteln können, wenn man ihn darum angeht?

Dem Leser wird klar werden, daß der Text an diesem Punkt in Schwierigkeiten mit sich selbst zu kommen droht. Er gerät offenbar in die Gegend des Erbaulichen. Lassen wir also die Fragen in dieser Hinsicht offen und versuchen wir, das Problem der angesonnenen Lebenshilfe von der Auffassung strenger Philosophie her zu beantworten. Die Philosophie hat von sich her keine Möglichkeit des Trostes gegenüber denen, die leiden, gegenüber solchen, denen die Liebe wegstirbt. Sie hat auch als Philosophie keine Argumente zur Rettung derer, die ihrem Leben ein Ende machen wollen. Das Brot, das sie ausgibt, ist weder Erste Hilfe noch Letzte Wegzehrung. Aber die Entscheidung für Philosophie ist eine Entscheidung gegen Gewalt, und indem die Philosophie sich auf Politik festlegt, ist sie Entscheidung für den Frieden. Sie macht sich weder Illusionen über die Überwindung der Gewalt durch Philosophie noch taugt ihr Begriff zur individuellen Herstellung von Seelenfrieden. Wenn vom Philosophen trotzdem erwartet wird, daß er auch einen individuell Bedrückten gelegentlich aufrichten kann, so aus dem nicht ganz unberechtigten Gedanken, daß ein Philosoph vielleicht doch ein klein wenig mehr wissen müsse, daß der Mensch dem Menschen auch Mensch sein kann und nicht immer nur Wolf.

3. Falsche Konkurrenzen: Philosophie und Wissenschaft

Unser Zeitalter ist das Zeitalter der wissenschaftlichen Zivilisation, aber das spricht bekanntlich weder für das Zeitalter noch für die Wissenschaft. Wissenschaft ist nicht mehr und nicht weniger als eine Notwendigkeit. Das wissenschaftliche Weltverhältnis ist nichts anderes als die entwickelte menschliche Selbstbehauptung gegenüber der Natur durch deren Unterwerfung und Ausbeutung, ist das Weltverhältnis der Daseinsfristung. Das wissenschaftliche Weltverhältnis ist die Art und Weise, wie Menschen sich auf der Welt fortbringen, und zwar unter dem Gesichtspunkt, daß es einerseits immer mehr Menschen sind, und daß diese andererseits das Problem des Sichfortbringens grundsätzlich nicht als solches angehen, sondern als konkretes, d.h. immer von der Ebene der schon erreichten Standards aus. So entwickelt sich Wissenschaft, Menschen lernen und sind erfinderisch. Das wissenschaftliche Zeitalter hat unter anderem auch die Möglichkeit ergeben, den Globus als Ganzen zu einem System von Informationen zu machen und wir wissen genau, wie schlecht das wissenschaftliche Zeitalter immer noch seine Aufgabe löst, die Menschen auf der Erde zu ernähren. Ebenso sicher ist aber, daß die Menschen diese Probleme nur mit mehr Wissenschaft lösen können: freilich kann dies nicht das letzte Wort sein. Jedermann weiß, daß Produktion oder Produzierbarkeit eine Sache von Wissenschaft und Technik sind, aber die Verteilung der Produkte ist nun ganz und gar nicht von der Wissenschaft zu bewältigen, sie ist Sache der Politik. Die wiederum nicht in Verteilungsproblemen aufgeht, sondern die sich einem Bereich von Daseinsmöglichkeiten widmen muß, der ebenso fundamental ist wie das Brot für den Einzelnen. Der Mensch lebt nicht vom Brot allein, d.h. er lebt nicht von Wissenschaft allein. Wissenschaft ist konkret immer Instrument, auch wenn sie im je erreichten Standard zu so etwas wie einer Baisisvoraussetzung geworden ist, von der aus ihre Instrumente je wieder einsetzbar werden. Die Instrumente der Wissenschaft sind konkret, d.h. Wissenschaft ist in ihrer Anwendung nie etwas, das, abstrakt, auf Menschheit bezogen ist. Das ist höchstens die Ideologie eines reinen Wissenschaftlers, der im arbeitsteiligen Wissenschaftsbetrieb damit beauftragt ist, Wissenschaft um der Wissenschaft willen zu betreiben, weil man eingesehen hat, daß das nützlich ist. Wissenschaft dient immer bestimmten Menschen für bestimmte Zwecke und diese Zwecke sind von bestimmten Interessen bestimmt und nie von Menschheit. Kein Mensch ist an der Menschheit interessiert. Der instrumentelle Charakter der Wissenschaft macht sie neutral gegenüber dem Gegenstand, sie kann ebenso dazu dienen, Bodenschätze wie andere Menschen auszubeuten. In diesem Sinne ist Wissenschaft zwar sehr menschlich, aber keineswegs ‚human'. Wenn sie human ist, dann offenbar deshalb, weil sie von irgendwoher mehr ist als bloß Wissenschaft. Der Mensch lebt nicht vom Brot allein; wenn er ‚gut' ist, dann ist er ‚an etwas interessiert, das außer ihm liegt'. Kurz, der Mensch lebt nicht nur von Brot, sondern auch von Wahrheit. Um das Brot im weitesten Sinne kümmert sich die Wissenschaft, aber deren Sache ist nun keineswegs Wahrheit, dazu braucht man Philosophie. Wissenschaftliche Sätze treffen zu, sind richtig, sind informativ, können falsifiziert werden, müssen wiederlegbar sein, mit Wahrheit haben sie nichts zu tun. Das wissenschaftliche Weltverhältnis ist ein eigentümliches Weltverhältnis, das seine Dignität von purer Notwendigkeit erhält. Aber der Mensch ist kein bloß notwendiges Wesen – wäre er nur das, so gäbe es auch keine Wissenschaft – sondern auch ein freies. Er kann als Individuum auch in der Wissenschaft ‚aufgehen', aber kein Mensch existiert bloß als dieser – immer auch als solcher. Wer dies einsieht – und es gehört zur individualisierten Existenzweise des Menschen dazu, daß er dies je als dieser nicht einzusehen braucht – hat den Anfang einer Einsicht in das philosophische Weltverhältnis erfaßt, ein Weltverhältnis, das genau davon ausgeht: daß das Individuelle als Notwendigkeit immer nur genau dies ist, nämlich Einzelnes, das Einzelinteresse hat und Einzelproblem löst. In dem Denken des Einzelnen wird das Einzelne aber zum ‚bloßen Einzelnen', d.h. das Denken geht konsequent aufs Ganze und das ist Wahrheit.

Es ist leicht zu sehen, daß der Typ von Wissenschaft, der hier ins Auge gefaßt ist, vor allem der der Naturwissenschaft und ihres Anwendungsbereiches, der Technik ist. Was, so könnte man fragen, ist mit Geisteswissenschaften? Die Diskussion um das Verhältnis von Natur- zu Geisteswissenschaften, Handlungswissenschaften oder Humanwissenschaften soll hier nicht weitergeführt werden. Hier geht es um die Abgrenzung des Weltverhältnisses der Philosophie zu dem der Wissenschaft und es ist keine Frage, daß sich in der Wissenschaft der Typ dominant gesetzt hat, der das robusteste Interesse vertritt, das der Notwendigkeit, also Naturwissenschaft. Ihr Erkenntnistyp ist Exaktheit. Es hat sich durchgesetzt, von daher aus in allen Wissenschaften nach Exaktheit zu fragen, Exaktheit anzustreben, mit Exaktheit zu brillieren. Exaktheit setzt ein eindeutiges Objektverhältnis voraus, dies

Objektverhältnis konstituiert das wissenschaftliche Weltverhältnis, das in dieser Konstitution positiv wird. Positivität ist für jede Wissenschaft eine Errungenschaft, allerdings bekommt nicht jeder Wissenschaft diese Positivität gleich gut. Wissenschaften vom Menschen haben die Eigentümlichkeit, daß in ihnen die reine Positivierung nicht gelingen kann, ohne den Gegenstand zu verfälschen, zu verzerren, zu verkürzen, weil das Verhältnis eines reinen Gegenübers, auf dem die Möglichkeit der Exaktheit beruht, nicht verwirklicht werden kann. Diese Wissenschaften sind deshalb gezwungen, sich, bewußt vage gesprochen, näher am Zuständigkeitsbereich des philosophischen Weltverhältnisses aufzuhalten, und geraten von dorther in Gegensatz zu jenem dominanten Exakheitsanspruch, dem sie als Wissenschaften durchaus mit Recht nacheifern wollen.

Alle Geschichts-, Human-, Handlungs-, oder Sozialwissenschaften haben dies Problem; die Philosophie hat es nicht. Sie ist, paradox gesprochen, die einzige Wissenschaft, die nicht Wissenschaft zu sein braucht, sie ist Philosophie. Nichts schadet der Philosophie mehr als das schlechte Gewissen der Philosophen unter dem großmächtigen oder auch bloß großspurigen Anspruch der Wissenschaft. Wissenschaft und Philosophie konstituieren zwei verschiedene Weltverhältnisse. Es hat keinen Sinn, für Philosophie noch etwa die Bestimmung einer ‚eigentlichen' Wissenschaft zu reklamieren oder zu sagen, sie sei eben eine eigene Art Wissenschaft. Da lobt man sich seinen Heidegger: „Die Wissenschaft denkt nicht" – basta. Die Philosophie denkt, sie geht nicht auf eine Ansammlung von Wissen, sondern auf die Konstruktion von Wahrheit. Philosophie muß darauf bestehen, daß sie nicht Wissenschaft ist, sondern eben Philosophie. Wenn sie von Seiten der Wissenschaft und deren Gläubigen deswegen verachtet oder geringgeschätzt ist, kann sie das gelassen aufnehmen. Das müßte wirklich ein miserabler Philosoph sein, der nicht mit zwei Sätzen demonstrieren kann, daß der Mensch nicht allein vom Brot lebt. Sowie Wissenschaftler übrigens zu denken anfangen, was man selbst ihnen offenbar nicht ganz austreiben kann, werden sie ohnehin zu Philosophen, freilich nicht immer zu guten. Dem Problem, das im Verhältnis von

Wissenschaft und Philosophie liegt, wird weit verbreitet dadurch begegnet, daß die Philosophie sich als eine ‚Metawissenschaft' zu etablieren, daß sie Wissenschaft von Wissenschaften oder von der Wissenschaft als solcher zu werden versucht. Daß das wissenschaftliche Weltverhältnis zum Gegenstand der Philosophie wird, ist durchaus sinnvoll und notwendig. Es war nicht die schlechteste Philosophie, die danach fragte, wie wissenschaftliche Urteile überhaupt möglich sind. Aber als ‚Wissenschaftstheorie' ist Philosophie in einer vierfach beklagenswerten Lage. Erstens verzichtet sie auf ihre genuine Basis, die Konstruktion der Wahrheit des Ganzen – so breit sich auch die Wissenschaft macht, so wird doch niemand sagen wollen, sie sei auch nur irgendwie das Ganze. Damit hat sich die Philosophie schon ins Elend begeben und kann dann zweitens schon gar nichts mehr anderes sein als die Magd der Wissenschaft, so wie sie früher einmal die der Theologie war; schlimmeres kann ihr nur noch dort passieren, wo sie zur Magd und zur Hure einer totalitären Ideologie geworden ist. Als Wissenschaftstheorie befindet sich Philosophie notwendig in einem parasitären Verhältnis zur Wissenschaft – niemals schreibt die Wissenschaftstheorie der Wissenschaft den Weg vor, den sie zu gehen hat. Zudem bleibt sie drittens unter der barschen Fuchtel des szientistischen Exaktheitsbegriffes und muß, wenn sie dies alles, eingeschlossen der Selbstverleugnung, mit Mühe und Not geschafft hat, einsehen, daß sie, viertens, je mehr sie sich verselbständigt, um so mehr den Anschluß selbst an die Wissenschaften verliert, die ihrerseits kritische Theorien produzieren, die der Wissenschaftstheorie ihre Überflüssigkeit demonstrieren. Wissenschaftstheorie produziert zunehmend Theorien ausschließlich für den eigenen Gebrauch der Wissenschaftstheoretiker und damit wird weltweit ein flotter Betrieb aufrechterhalten. Die Philosophie kann dies nur belustigt zur Kenntnis nehmen, und sich wieder an ihre eigene Arbeit begeben.

Das zweite Exil, in dem die Philosophie existiert, ist nicht weniger elend, weil es ein selbstgewähltes ist. Es ist jener Formalismus im breiten Sinne, von dem oben schon gesprochen worden ist. Hier feiert die Philosophie scheinbar Triumphe, Formalisierung jedweder Art von Sätzen, von Sprache, von Denken mit dem Ideal der Mathematisierbarkeit scheint etwas zu sein, was sie auch kann und worin sie stolz einen Grad von Exaktheit erreicht, der sich sehen lassen kann. Aber dann erreicht sie die Kugel – wo ist der Lorbeer? Sieht man denn nicht, daß man damit nach einem Gesetz aus einer anderen Welt antritt, ein Gesetz, daß es der Philosophie unmöglich macht, ihre eigene Arbeit überhaupt noch als Aufgabe wahrzunehmen?

Ein weitverbreitetes Argument, das entweder auf Philosophie als Wissenschaftstheorie hinausläuft oder aber darauf, sie endgültig für überholt zu halten, ist folgendes: die Philosophie hat im Laufe von Jahrtausenden immer mehr Dinge an die Einzelwissenschaften abgeben müssen. Aristoteles, zweifellos ein Philosoph, schrieb noch ein Buch über die ‚Psyche', heute haben wird die Psychologie. Sogar ‚das Ganze' sieht man da der Philosophie weggenommen, insofern es jetzt eine Wissenschaft von ‚der Gesellschaft' – Soziologie – und nun endlich eine von der Politik gibt. Zwar sträubt sich gelegentlich ein Soziologe, szientistisch zurecht, dagegen, daß ‚das Ganze' als Gesellschaft sein Gegenstand sei, aber die daraus folgende Rangelei – etwa zwischen ‚Posivisten' und ‚Dialektikern' – beruht ja nur auf dem beiderseitigen Mißverständnis, die ‚Gesellschaft' sei eine ‚Totalität'. Alle Inhalte sind also sukzessive von mehr oder weniger exakten Wissenschaften vereinnahmt und was bleibt der Philosophie dann übrig als ‚Wissenschaftstheorie' oder andere Arten von Formalismen?

Das Argument, weitverbreitet, wie gesagt, ist nichtsdestoweniger primitiv, und zeugt von Ahnungslosigkeit dem gegenüber, was Philosophie ist. Gewiß, den Vorsokratiker Thales kann man einen ‚Naturphilosophen' nennen, aber dann hat ‚Natur' doch wohl einen anderen Stellenwert als den im heutigen Gebrauch von Naturwissenschaft. Thales war ein kluger Mann, dem Argument von der Weltfremdheit der Philosophie – eine Standardbeschimpfung der populären Dummheit, oft freilich provoziert, wenn auch nicht gerechtfertigt, durch solche Habitus der Philosophen, von denen hier ausführlich die Rede war – begegnete er, indem er praktisch demonstrierte, daß er auch viel

Geld verdienen konnte. Er sah nämlich auf Grund spezifischer Einsichten in die Natur – hier des Klimas und seiner Zyklen – einen Boom im Olivenangebot voraus und legte vorsorglich die Hand auf die Ölmühlen seines Bereichs, so daß er dann bei der Olivenernte so etwas wie ein lokales Monopol hatte. Aber natürlich ist Thales nicht wegen dieser Ölmühlensache in die Geschichte der Philosophie eingegangen, sondern mit der philosophischen These, ‚Alles' sei ‚Wasser'. D.h. mit der Quintessenz eines philosophischen Entwurfs des Ganzen als Natur.

Der Philosophie läßt sich nichts wegnehmen, dadurch daß man ihre Gegenstände zu solchen der exakten Wissenschaft macht, ebensowenig wie man der bildenden Kunst als solcher etwas wegnimmt, wenn man ihr den Gegenstand nimmt. Der Vergleich hinkt, weil die Künstler selbst den Gegenstand weggelassen haben, vielleicht sind aber die Vorgänge doch analoger als man denkt. Solange die Kunstkonsumenten noch den Bürgerschützenkapitän Frans Banning Cock und seine Leutnants ‚erkennen' konnten, schien die Welt von Kunst und Kunstkonsumenten noch heil – was sie übrigens bekanntlich im Falle des eben angezogenen Rembrandtbildes zur Zeit seiner Entstehung keineswegs war. Aber die Ströme amerikanischer Touristen, die an der ‚Nachtwache' vorbeigeschleust werden, erleben, abgesehen von dem erhabenen Gefühl, etwas vor sich zu haben, das absolut nicht käuflich ist, im Grunde auch nur jenes Wiedererkennen von ‚Gegenständen' und bestenfalls noch die ‚peinture', die, was den Leutnant angeht, ja in der Tat umwerfend ist. Aber natürlich hat ein Kenner wie Jan Six schon damals mehr gesehen als den Frans Banning Cock, oder die Seide, die der Leutnant trägt. Jedenfalls ist anzunehmen, daß er in seinem berühmten Portrait, das ihm Rembrandt malte, und das sicher ebenso große Kunst ist wie die ‚Nachtwache', nicht nur nach Ähnlichkeit gesucht hat. Zeitgenössische Figuren- und Ähnlichkeitsgemälde sehen neben Rembrandt aus wie Spielkartenkönige; was dort Kunst ist, hängt nicht mit dem Gegenstand zusammen. Gewiß läßt sich unter dem Titel der Kunst vielleicht leichter Schund anbieten, wenn die Kunst als Arbeit dem Widerstand des Gegenstandes ausweicht. Aber wo Kunst ist, baut sie ihre eigenen Widerstände und wird Kunst, indem sie in deren Umsetzung schließlich alle Spuren schwerer Arbeit austilgt.

Der Philosophie läßt sich nichts wegnehmen, indem man ihre Gegenstände wissenschaftlich okkupiert. Sie wird sich umso intensiver ihrer eigentlichen Aufgabe widmen. Was im übrigen passiert, wenn man Gegenstände vorschreibt, ist am ‚sozialistischen Realismus' zu sehen, der die Kunst umbringt, wo auf ihm bestanden wird. Jedenfalls fast – ganz läßt sie sich ebensowenig umbringen wie das freie Denken – obwohl sich Kommunisten wirklich Mühe geben, beidem den Garaus zu machen. Im übrigen ist zu beobachten, daß die Wissenschaften, überall wo es ihnen gelingt, oder wo man sie dazu zwingt, in ihrem forschen Betrieb innezuhalten, nach Philosophie verlangen, bzw. mangels Angebot seitens der Philosophie, selbst damit anfangen. Das hat in den Naturwissenschaften oft interessante, oft handgestrickte Ergebnisse, aber die Naturwissenschaften habens auch nicht so nötig. Die Geistes- und Humanwissenschaften liegen da schon anders. Am verblüffendesten ist die Situation in der Jurisprudenz und dieser Fall sollte die Philosophie eigentlich mehr beschäftigen und beunruhigen als er es tut. Sobald die Juristen merkten, daß von der Philosophie nichts mehr zu erwarten war – also etwa seit Hegels Rechtsphilosophie – haben sie den Bereich der Philosophie, der sie interessierte, in eigene Verwaltung übernommen, und auf diese Weise gibt es eine immer noch lebendige Tradition von Rechts- und Staatsphilosophie innerhalb der Jurisprudenz, auf die die Philosophie nur neidisch sein kann – vor allem, wenn man bedenkt, was gerade sie am Staat verloren hat. Daß sich diese Rechtsphilosophie innerhalb der Jurisprudenz häufig am jeweils vorletzten Stand der Philosophie orientiert, macht sie freilich nicht stärker – immerhin bleibt ihr der große Gegenstand. Die institutionelle Konsequenz, nämlich in der juristischen Fakultät Lehrstühle für Rechts- und Staatsphilosophie einzurichten, wurde bekanntlich gezogen und so überlebt Philosophie vielleicht nicht mit Glanz aber doch in institutionell verankerter Lebendigkeit und gelegentlich mit beachtlichem Niveau.

Die überlieferte Gestalt der großen Geschichtsphilosophie mit dem philosophischen Begriff der ‚Weltgeschichte' hat in bestimmten ideologischen Ausformungen einen gewissen Abschreckungscharakter auf die Fachhistoriker ausgeübt, aber auch dort werden philosophische Probleme – etwa unter dem Stichwort der Universalgeschichte, oder einfach in der Diskussion über Historik oder über den Sinn der Historiographie – in eigener Regie veranstaltet. Daß ein wichtiger Teil philosophischer Fragen sowieso in der Soziologie ausgetragen wird, weiß jeder, seltsamerweise scheint dies die Philosophie nicht allzusehr zu beunruhigen – sie ist offenbar froh, wenn sich überhaupt etwas tut. Und doch, obwohl es im ‚Positivismusstreit', oder im ‚Dialektikstreit', zum Beispiel um so etwas wie ‚Totalität' ging, bleibt das Ergebnis unbefriedigend, – für alle Teilnehmer wie für alle Beobachter. Kein Wunder, denn so ganz kann die Einzelwissenschaft, wenn anders sie denn dies sein will, natürlich nicht mit genuinen philosophischen Problemen ins Reine kommen. Immerhin bietet sie dem philosophisch Interessierten in der Regel heute mehr Anknüpfungspunkte für sein Denken als jene professionelle Philosophie der Steineklopfer und Schlangenbeschwörer.

Der Geist wandert aus und läßt sich woanders nieder – zum Beispiel in der Politikwissenschaft. Es ist kein Zufall, daß fast alle die oben genannten Vertreter politischer Philosophie ihre eigentliche Heimat in der Politikwissenschaft oder in der Jurisprudenz haben. Rechnet man noch die Tradition der Rechts- und Staatsphilosophie hinzu, die die letzere aufbewahrt hat, so kann man von daher durchaus auf eine Zukunft der Philosophie hoffen, eine Zukunft, die kaum von den gegenwärtigen Philosophen zu erwarten ist.

4. Das Problem der ‚Rechtfertigung'

Falsche Erwartungen, falsche Konkurrenzen und der begründete Zweifel an der eigenen Leistungsfähigkeit schwächen die Philosophie. Die Zuflucht der Schwäche ist die Suche nach Rechtfertigung. Schuld oder Schwachheit können ihre miserable Position dadurch restituieren, daß sie ‚sich rechtfertigen'.

Eine gelungene Rechtfertigung kann einen ‚glänzender' dastehen machen, als vorher. Rechtfertigung kann erfolgen, indem man die Verantwortung von sich weist – indem der Kriegsverbrecher etwa den Befehlsnotstand geltend macht. Hier bleibt der Rechtfertigung der Beigeschmack der Miserabilität. Rechtfertigung kann erfolgen, wenn eine anfechtbare Handlungsweise aus einer übergeordneten Norm erklärt werden kann, oder wenn Unschuld nachgewiesen wird: das ist der Kern einer juristischen Verwendung von Rechtfertigung. Rechtfertigung kann erfolgen, indem durch eigene Leistung, – der Fortuna zuhilfe kommen mag – ein unter normalen Maßstäben zu verwerfendes Fehlverhalten nicht nur ausgeglichen, sondern in eine überzeugende Leistung umgewandelt werden kann. Solche Rechtfertigungen können entscheidende Errungenschaften individueller Freiheitsbewährung sein. Der General Seydlitz zögerte in der Schlacht bei Zorndorf befehlswidrig seinen Einsatz heraus, er rechtfertigte den Ungehorsam dadurch, daß er durch die Tat demonstrierte, wie eben dieses Zögern entscheidend zum Sieg beigetragen hatte. Dies ist ein Beispiel für die ‚glänzende Rechtfertigung', und trotz des martialischen Hintergrundes könnte die Philosophie aus diesem Beispiel manches lernen. Vorderhand ist sie freilich von der Überzeugungskraft eines siegreichen Reitergenerals ziemlich weit entfernt, und das Rechtfertigungsproblem stellt sich ihr eben von jener Seite, die auf entscheidende Schwäche schließen läßt. In dieser ihrer gegenwärtigen Schwächesituation aber läuft sie auf zweierlei Weise hinter Rechtfertigung her: Sie versucht, *etwas* zu rechtfertigen und/oder sie versucht, *sich selbst* zu rechtfertigen.

Der Bereich, an den sich die Philosophie auch hier anzuschließen pflegt, ist wieder die Theologie – was naturgemäß die Schwächung noch weiter um sich greifen lassen muß. Die Theologie, namentlich die protestantische Dogmatik, hat, teilweise Elemente aus dem Bereich des römischen Rechts aufgreifend, die Rechtfertigungslehre ausgebaut. Rechtfertigung ist hier eng mit dem Begriff einer (endgültigen) Versöhnung zusammenzusehen, so wie mit der Vorstellung der Restitution schuldhaft verlorener Gotteskindschaft durch Gnade, d.h. durch Entgegenkommen und Erlösungsakt des transzendenten Gegenübers. Rechtfertigung ist in dieser Hinsicht also eine sehr typische Figur des religiösen Weltverständnisses und es läßt sich absehen, daß die Philosophie durch eine, wenn auch bloß vage Orientierung an solcher Rechtfertigung nichts gewinnen kann. Seydlitz könnte ihr hier in der Tat mehr helfen als Karl Barth, aber sei dem wie ihm wolle, sprechen wir hier von den zwei Rechtfertigungsversuchen der Philosophie: ‚etwas' zu rechtfertigen, bzw. sich selbst, ihre eigene fortdauernde Existenz zu rechtfertigen.

Seit den schwächlichen Versuchen von Hiobs Frau und seinen Freunden sind Philosophen immer wieder der Trivialfaszination einer Rechtsfertigungstheologie erlegen, die da versuchte, das Übel, Leid und Böse in der Welt zu ‚rechtfertigen'. Gott hat freilich schon jenen Versuch, seine Welt zu trivialrationalisieren, abfahren lassen: ‚Wo warst du als ich die Erde gründete?' Alle philosophischen Versuche in der Theodicee müssen mißlingen, wie Kant und Voltaire je auf ihre Art aufgewiesen haben. Nichtsdestoweniger fühlt sich immer einmal wieder jemand berufen, jemandes üble Praxis zu rechtfertigen, und dies als sinnvolle Aufgabe der Theorie zu reklamieren. Als in den späten sechziger und siebziger Jahren die Wohlstandsgesellschaft der Hafer stach, so daß die Zumutungen menschlichen Zusammenlebens, die Unvollkommenheit menschlicher Praxis und die alltäglich bleibende Plackerei der Politik ihren abstrakten Idealismus ‚frustrierten'; als also damals versucht wurde, die Welt zu verändern, indem man sie zu einer machte, in der nicht nur für sensationslüsternde Konsumbürger, sondern auch für revolutionssüchtige intellektuelle Idealisten etwas los sein sollte, und als dieser erhabene Wille, ‚das System zu verändern', dazu führte, daß schlicht und einfach Steine flogen und Gewalt ‚gegen Sachen', oder, seis drum, auch wohl mal ‚gegen Personen' geübt wurde, da kamen jene Theoretiker, die zwar mit hängender Zunge dem ‚Fortschritt' hinterher hechelten, sich aber doch nicht so nah an ihn herantrauten, daß sie selbst hätten Hand anlegen können, auf die Idee, an der großen Zeit teilzuhaben, indem sie eine Gewaltdiskussion vom Zaune brachen. Nicht nur im stets beflissenen Akademiebetrieb, sondern bis in das Dissertationswesen hinein etablierten sich hier die intellektuell-idealistischen Schreibtischgehilfen, die sich natürlich im nachhinein aufs höchste entrüsteten, als sie dann als die Sympathisanten unkontrollierter Politkriminalität hingestellt wurden, die sie waren. Solcher Mittäterschaft konnte man übrigens entgehen, indem man klugerweise seinen Solidarisierungsdrang in die Ferne schweifen ließ, zu dem revolutionären Kampf in der Dritten Welt etwa, und so die Anwendung revolutionärer Gewalt theoretisch rechtfertigte. Das konnte einen dann auch dazu bringen, sich an der Front welthistorischer Progressivität zu fühlen, indem man z.B. kirchliche Spenden zu Waffenlieferungen umfunktionierte. Natürlich entrüstete man sich auch dann wieder aufs höchste idealistisch, wenn über dieser Solidarität mit Frelimos die Solidarität der Kirchenleitungen mit jenen Theoretikern, die sich dieser ‚Progressivität' nicht entbrechen konnten, verloren ging. Die gute Gesellschaft von Theologen diente leider nicht dazu, die Philosophen, die sich solch schreiender Rechtfertigung schuldig machten, zu irritieren – sondern vielmehr dazu, sie zu bestärken – so sehr hat die Philosophie schon den Denkinstinkt verloren.

So wurde also munter Gewalt gerechtfertigt; aber die Philosophie rechtfertigt nichts, nicht die Praxis irgendeiner Partikularität, und schon gar nicht Gewalt. Rechtfertigung von Gewalt ist die schlimmste Perversion, deren sich die Philosophie schuldig machen kann. Entscheidung für das philosophische Weltverhältnis ist immer und zuerst und auf jeden Fall Entscheidung gegen Gewalt. Aber das Weltverhältnis der philosophischen Rechtfertigungstheoretiker ist lediglich noch das des Strichs, auf den sie ihre Gedanken schicken, nachdem sie ihnen ein Fähnchen aus einer Freiheits- oder Fortschrittboutique umgehängt haben. Ohne natürlich die Verantwortung für diese Gedanken zu übernehmen oder sie gegen Übergriffe verteidigen zu können oder zu wollen, was jeder Louis, der auf sich hält, immerhin zu übernehmen sich genötigt fühlt.

Die Rechtfertigung von Gewalt ist das schrillste Beispiel des Versuchs der Philosophie, ihre fortdauernde Existenz dadurch zu rechtfertigen, daß sie zeigt, wie willfährig sie im Rechtfertigen sein kann.

Im Grunde das gleiche Problem, wenn auch nicht in dieser

grellen Beleuchtung, liegt vor, wo die Philosophie ihre Aufgabe darin sieht, das Bestehende zu rechtfertigen. Das philosophische Verhältnis zur Welt kann sich kein Absehen von Wirklichkeit gestatten, Welt ist der Philosophie nicht das Ausdenkbare, sondern das Denkbare. Was ist, muß gedacht werden können; es ist schon gesagt, daß Philosophie damit, eher beiläufig, auch stets kritisch ist. Dies aber nicht, weil sie so sein will oder möchte, weil sie das für fortschrittlich hielte, sondern weil die Bedingungen menschlicher Wirklichkeit dies von ihr fordern. Aber dies Weltverhältnis, das Hegel einmal in die Kurzformel faßte, das Wirkliche sei vernünftig und das Vernünftige wirklich, ist der Philosophie und vor allem z.B. Hegel als ‚Rechtfertigung bestehender Wirklichkeit' ausgelegt worden, ein Vorwurf revolutionär oder fortschrittlich gestimmter Denker von Haym bis Habermas, dem gegenüber dann etwa der gelehrte Nachweis erbracht werden kann, jener, Hegel, sei aber doch Revolutionär gewesen, weil er eben die Revolution zumindest auch ‚gerechtfertigt' habe. Dergleichen Denken bewegt sich hüben wie drüben auf dem gleichen Niveau einer impotenten Philosophie, deren Schwäche nach Rechtfertigung sucht.

Die Philosophie rechtfertigt nichts und schon gar nicht sich selbst. Das hat sie nicht nötig. Es hat keinen Sinn, der Zeit und der Gesellschaft klarzumachen, wie wichtig oder wie nützlich die Philosophie ist. Es geht in der Philosophie nicht um Selbstrechtfertigung, sondern um Selbstdarstellung. Die Philosophie bemüht sich darum, ihre Arbeit gut zu machen, die Wahrheit zur Sprache zu bringen und so Freiheit in einem genauen Sinne geltend zu machen. Die Reflexion darauf, wie nun diese Leistung ‚verkauft' werden soll, ist selbst keineswegs philosophisch. In dieser Gesellschaft läßt sich alles verkaufen, es ist eine Frage der Marktforschung, der Lobby und der Manipulation. Die Philosophie kann da nicht mitmachen; wenn sie sich so spreizt, daß sie in die Auslagen der Supermärkte gerät, dann teilt sie das Schicksal jener Auslagen, von denen Sokrates sagte: ‚Wie zahlreich sind doch die Dinge, deren ich nicht bedarf'.

Man verstehe mich nicht falsch. Ich halte es für gut, wenn Philosophen sich organisieren und ihre Interessen eben als institutionalisierte organisiert wahrnehmen. Etwa da, wo Stellenpläne durch das dreist-selbstbewußte Auftreten der hypertrophierten Pädagogik bedroht werden, die in stolzem Bewußtsein ihrer größeren gesellschaftlichen Nützlichkeit bzw. ‚Relevanz' in den Fakultäten bzw. ‚Fachbereichen' herumtrampelt. Wenn Philosophen gegen dergleichen auftreten, dann tun sie das nicht als Philosophen, aber auch im Interesse der Philosophie kann man ihnen nur Glück wünschen. Wenn es also gelingt, Stellen zu erhalten, indem ein Minister von der Unentbehrlichkeit der Philosophie überzeugt werden kann, dann möge, seis drum, der Zweck auch die Mittel heiligen. Aber die Philosophie als Philosophie ist niemandem nützlich. Sie ist nicht nützlich und sie paßt sich nicht an. Wenn sie sich anpaßt, dann nur auf die Weise, wie menschliches Denken sich der Natur anpaßt, wenn es dieser die Bedingungen ihres Erscheinens vorschreibt. So läßt die Philosophie sich auf die Wirklichkeit ein, aber das heißt eben nicht, daß sie sich mit ihr einläßt, schon gar nicht mit Partikularitäten, also Unwahrheiten. Sie geht der Wirklichkeit nach, aber sie läuft ihr nicht nach. Sie drängt sich zur Wirklichkeit, so wie diese sich zum Gedanken drängt, aber sie paßt sich ihr nicht an. ‚Nolite conformari huic saeculo – paßt euch dieser Welt nicht an', verkündet ein großes Lehrbuch der Menschen und das, weiß Gott, läßt sich die Philosophie gesagt sein. Sie tut ihre Arbeit in dem Bewußtsein, daß sie je ein unausweichliches menschliches Weltverhältnis realisiert und zur Sprache bringt, und sie tut es im Vertrauen darauf, daß jeder, der aus der Wahrheit ist, ihre Stimme hört. Als Arbeit in der Freiheit und von Freien ist ihr jede Nötigung fremd. Die Philosophie braucht die Freiheit und die Freiheit braucht die Philosophie. Wenn sie niemand mehr braucht, gibt es sie nicht mehr. Darüber zu entscheiden, liegt in der Macht von Bildungspolitikern ebensowenig wie in der der Philosophen selbst und schon gar nicht in der Macht ihrer eifrigen Untergangsbeschwörer. Gegen dieses Gerede behauptet sich Philosophie und behauptet sie ihr Feld. Die Heerstraßen der Positivität und die ausgetretenen Pfade der Nützlichkeitsfanatiker, der Konsumenten, der Verschwender und Verwender, mögen an diesem Feld vorbeiführen, Philosophie ist nicht verwendbar. Sie hält es mit dem Maler Franz W. Seiwert, dem Schöpfer des ‚Bauernkrieges', (1932) jener Nachtwache der Progressiven, der die Kunst in ‚verwendbare' und ‚unverwendbare' einteilte.

5. Kriterien der philosophischen Arbeit

Die Leistung der Philosophie, das Zur Sprache Bringen der Wahrheit des Ganzen, ist hier in seinem Charakter als Entwurf herausgestellt worden, als das Werk einer vom Individuum in Freiheit zu leistenden und in Verantwortung getragenen Arbeit. Daß damit nicht eine schrankenlose Subjektivierung gemeint ist, dürfte ebenso klar geworden sein, wie daß hier nicht die Hoffnung auf ein vom Himmel fallendes philosophisches Originalgenie gesetzt wird. Wenn desgleichen darauf bestanden wird, daß die Philosophie ihre Arbeit tun muß, ohne Gedanken daran zu verschwenden, wessen Partei sie ergreift, wem sie bequem oder unbequem wird oder wem ihre Arbeit nutzt, so heißt das nicht, auf der politisch-gesellschaftlichen Marginalität der Philosophie zu beharren – im Gegenteil. Wenn der herkömmliche Nimbus der Philosophie, der immer noch in bestimmten Zusammenhängen ausreicht, um philosophische Meinungen zu Markte zu tragen, destruiert wird, dann nicht, um einen toten Hund noch zu treten, sondern um die Philosophie dazu zu bringen, efficaciter den Nachweis zu erbringen, daß sie jene Achtung noch verdient. Wenn aber schließlich auf den Nachweis gesellschaftlicher Rechtfertigungen, aus Nützlichkeit etwa, verzichtet wird, auf Grund der Überzeugung, daß diejenigen, die sie wollen und brauchen, der Philosophie schon ihre Existenz sichern werden, dann darf dies freilich nicht so aufgefaßt werden, als würde die Leistung der Philosophie hier als marktabhängige Größe gesehen. Der Markt ist der Bedeutung des Werkes äußerlich, was, um die Analogie wieder aufzugreifen, für die Philosophie ebenso gilt wie für die Kunst. Es läßt sich zwar zeigen, daß unser neuzeitlich-allgemeiner Begriff von freier Kunst als einer aus institutionell oder anders vorgegebenen Zusammenhängen losgelösten Produktion, auf den Bezug zu einem abstrakt-allgemeinen Markt angewiesen ist, aber das kann ja nicht bedeuten, daß der Markt das Kunstwerk bestimmt. Er bestimmt höchstens, was damit geschieht, er entscheidet darüber, was ‚ankommt', er bestimmt einen Marktwert, aber natürlich nicht den Kunstwert. Daß in ihr Kunst möglich ist, ist nicht das geringste Argument für den Fortbestand einer bürgerlich-freiheitlichen Gesellschaft, dies Kriterium sollte schwerer wiegen als es heute auf dem Argumenten- und Rechtfertigungsmarkt gehandelt wird. Schwerer, wenn man sich das Elend des ‚sozialistischen Realismus' oder die instrumentalisierte, offiziell gesteuerte Aufbruchsdekoration einer Volksrepublik China ansieht, die künstlerisch auch nicht mehr Niveau hat als die völkische Aufbruchskunst der dreißiger und vierziger Jahre in Deutschland. In diesem Zusammenhang von Werk und Markt sei noch einmal der Maler und Theoretiker Franz W. Seiwert zitiert – schon allein, um zu zeigen, daß es nicht immer Walter Benjamin sein muß:

„Denn die Kunst ist ein Spekulationsobjekt, mit der, ebenso wie an der Börse, oft ‚Vermögen gewonnen und verloren' werden, versteht sich, nicht von denjenigen, die die Kunstwerke schufen, die haben, wie es so heißt, die Pflicht ‚auf Dachkammern zu hungern', damit ihre Werke was sind, sondern wie immer von den Anderen. ... denn, um es noch einmal zu sagen, ein Bild oder eine Zeichnung oder eine Plastik ist wie ein Valutapapier, es kann im Werte steigen oder fallen. Und dazu kann man über die öffentliche Meinung was dran tun. Man hat im Volk einen instinktiven Haß gegen Schieber, weil sie im Gegensatz zum Besitzer der Produktionsmittel, der doch seine Produktionsmittel mit einsetzt, überhaupt nur von der Arbeit anderer leben und aus der zum Teil durch sie hervorgebrachten Desorganisation der Wirtschaft ihren Nutzen ziehen. Die breite Masse weiß nicht, daß es auch Schieber in geistigen Werten gibt. ... Künstler schneiden das heutige Leben an einer Stelle an, wo es Struktur hat und sie stellen die Schnittfläche in ihrem Bild so dar, daß es dokumentarischen Wert besitzt. ... Der russische Maler Malevitch hat den Suprematismus, den man in Deutschland auch Konstruktivismus nennt, in der Malerei begründet. ... Die russischen Konstruktivisten wollten die dynamischen Kräfte des Lebens, die in der Politik ihre Darstellung im System des Marxismus finden, auch in ihrer Kunst zur Darstellung bringen. Der Bürger stellte an das Bild die Forderung einer beruhigten und beruhigenden Darstellung der schönen Welt. Man stellte dem gegenüber das Bild mit seinen eigenen Gesetzen und seinem eigenen Raum. ... Und nun hat A. aus dem allen eine Tapete gemacht. Das Ganze ist mißverstanden und aufgefaßt als ein neues Rezept, Bilder zu malen, die ästhetische Langeweile befriedigen..."

Die Stelle stammt aus einem Artikel über die ‚Erste Ausstellung der Kölner Sezession 1925 im Kunstverein'. Er erschien in der Zeitschrift ‚Sozialistische Republik' vom 2.1.1926, also zu einer Zeit, zu der man in Deutschland noch Marxist sein konnte. Auch hier freilich ein Marxismus, der sich schon damals nicht parteimäßig vereinnahmen, verwenden und instrumentalisieren ließ. Die zitierte Stelle wäre, wie die gesamte Kunstauffassung Seiwerts, einer eingehenden Analyse wert, sie ist hier, wie deutlich sein sollte, nicht nur wegen der Bemerkung über den Unterschied von Marktwert und Kunstwert wiedergegeben, sondern auch wegen des aufschließenden Satzes über die Kunst als dargestellte ‚Schnittfläche' einer Struktur gegenwärtiger Wirklichkeit. An beiden Stellen interessiert die mögliche Analogie zur Philosophie. Es ist klar, daß man, wenn man die Bedeutung der Philosophie nach ihrem ‚Marktwert' bestreitet, dieses nur auf dem Hintergrund einer bestimmten Auffassung davon tun kann, worin denn ihr eigentlicher Wert, ihre Bedeutung als Philosophie, bestehe. Davon muß hier gesprochen werden; das, was bisher über ihre Aufgabe, die Wahrheit des Ganzen darzustellen, gesagt wurde, bleibt zutreffend, aber zuwenig. Es geht im folgenden also um Kriterien der philosophischen Arbeit. Diese Kriterien sind:

- Übersicht
- Einsichtigkeit
- Konkretheit
- Vollständigkeit
- Strenge

Es ist oben Wert auf die Abgrenzung gegenüber der exakten oder positiven Wissenschaft gelegt worden. Das kann natürlich nicht bedeuten, daß die Arbeit der Philosophie sich in allem methodisch von der der Wissenschaft unterscheiden müßte – die Abgrenzung ging auf Bestimmung, Bedeutung und Stellenwert der Philosophie als der Darstellung, dem zur-Sprache-Bringen eines Weltverhältnisses, das eben von dem jeder Wissenschaft unterschieden ist. Ins Werk gesetzt wird diese Darstellung natürlich mit den Instrumenten des Denkens und deshalb sind Ordnung, Logizität, Intersubjektivität und Systematik selbstverständliche Kriterien auch der philosophischen Arbeit. Wenn sich das vorliegende Programm weder mit Logizität noch mit anderen Kriterien des wissenschaftstheoretischen Betriebs befaßt, so deshalb, weil Logik selbstverständlich ist, und weil sie, für sich genommen, ebensowenig jemanden Denken gelehrt hat, wie eine ‚Logik der Forschung' – auch eingestandenermaßen – etwa zeigen kann, wie man zu guten Theorien kommt. Das ist das Parasitäre an den Formalismen; die Erörterung der Kriterien philosophischer Arbeit, die hier versucht wird, hat andere Absichten; sie soll insgesamt eine Theorie und einen Maßstab für den Philosophiewert eines philosophischen Produkts geben.

– *Übersicht*

Was hier mit Übersicht gemeint ist, wäre vielleicht am besten auszudrücken mit dem alten Wort Phänomenologie, so wie es in Hegels ‚Phänomenologie des Geistes' verwendet ist. Wegen der schulspezifischen Abprägung des Wortes im zwanzigsten Jahrhundert ist der Ausdruck jedoch vermieden; eventuell doch festzustellende Ähnlichkeiten sind sicher nicht zufällig aber jedenfalls nicht gewollt. Übersicht ist sowohl eine Zusammenstellung oder Zusammenfassung von wesentlichen Zügen einer Sache, auch freilich eine Lagerliste, jedenfalls aber eine zusammenfassende Überschau, ein Überblicken eines Ausschnittes von Wirklichkeit von einem Standpunkt aus, der eben die Übersicht ermöglicht. Philosophie als Übersicht bedeutet also vor allem, daß da etwas ist, das überschaut werden kann, von dem man sich eine Übersicht verschaffen kann. Philosophie muß einen Gegenstand haben, der zwar philosophisch aufschließbar sein muß, der aber als dieser nicht schon philosophisch ist. Gerade im Letzeren wird deutlich, daß vor allem die Erscheinungsweise philosophischer Scholastik im oben angeführten Sinne vermieden werden muß: Philosophie konfrontiert sich mit Gegenständen, die sie philosophisch bearbeitet, kurz, mit der Wirklichkeit.

Wirklichkeit ist unübersichtlich. Wenn Wirklichkeit unmittelbar einsichtig und übersichtlich wäre, gäbe es keine Notwendigkeit für Philosophie. Wenn Wirklichkeit – als menschliche Wirklichkeit, eine andere gibt es nicht – nicht von sich selbst her immer schon Verwirklichung von Vermittlungen wäre, gäbe es nicht die Möglichkeit von Philosophie. Die Philosophie sucht die allgemeinen Spuren der vielfältigen menschlichen Arbeit; Arbeit als Produktion und als Reproduktion der bloßen Existenz, Arbeit als Politik oder Ermöglichung menschlicher Existenz, Arbeit auch als künstlerisches oder religiöses Weltverhältnis, in einer Wirklichkeit auf, die als Gegenwart übrigens immer Resultat ist. Einfacher gesprochen: Philosophie spricht von der Wirklichkeit. Da man von der Wirklichkeit auf viele Arten sprechen kann, kommt es eben darauf an, das spezifisch philosophische Sprechen von Wirklichkeit zu erläutern. Und das ist eben zunächst ein solches, für das Übersicht ein bestimmendes Kriterium sein soll. Es ist also zu fragen: Wie verschafft sich der Philosoph Übersicht?

In der Frage liegen offenbar zwei Momente: Auf welche Weise kommt der Philosoph an Wirklichkeit heran und wie schafft er es, diese übersichtlich zu machen? Beide Fragen reißen Problemdimensionen auf, deren Horizonte sicher bedeutend sind. Solche Fragen, und das weiß jeder Anfänger in der Philosophie, haben die besten Köpfe seit Jahrtausenden beschäftigt. Erkenntnistheorie im Allgemeinen, Transzendentalphilosophie, Phänomenologie – um nur die wichtigsten Furchen zu nennen, die die philosophische Arbeit auf diesem Acker hinterlassen hat. Läßt man sich auf deren Reproduktion ein, so ist das jedenfalls eine lebenfüllende Beschäftigung. Und nicht nur für einen einzelnen, sondern für Legionen. Davon oder von ähnlichen Tätigkeiten ernähren sich die meisten Philosophen – nicht schlecht, wie wir gesehen haben. Aber es ist eine der wichtigsten Voraussetzungen des offensiven Denkens, daß es sich das Philosophieren nicht von der bloßen Gelehrsamkeit verstellen lassen will. Philosophische Gelehrsamkeit als Ausgangs- und Grundlage für Denken steht immer noch haushoch über gespreizter ideologischer Dummheit und progressiver Phraseologie, aber sie selbst muß begriffen sein! Es gibt keine Übersicht, wenn nicht manches zusammengesehen wird – so wie ein Regisseur Grabbes ‚Napoleon' oder Kraus' ‚Letzte Tage' nur durch Zusammenstreichen spielbar machen kann. Es geht nicht um eine Aneinanderreihung von Höflichkeitsbesuchen in einzelnen Wohnungen, sondern um das Erkennen von Fluchtlinien und Perspektiven. Also geht es auch um eine offensive Annäherung an die Wirklichkeit, und dazu braucht man zunächst Erfahrung, Erfahrung und nochmals Erfahrung. Gesehene, erlebte, gelesene, erarbeitete, erlittene meinetwegen, aber Erfahrung. Wohlgemerkt – von Wirlichkeit, nicht nur von Philosophie. Die braucht man auch, aber als angeeignete Wirklichkeit, nicht als Scholastik.

In der Verwendung des Wortes ‚aneignen' liegt das Problem der ersten Umsetzung von Wirklichkeit – oder auch das von deren ersten Vermittlung. José Luis Borges beschreibt in der Erzählung ‚Das unbestechliche Gedächtnis' einen Mann, dessen visuelles Gedächtnis unbegrenzt ist. Er ist noch nach Jahren in der Lage, die Wolkenbildung eines bestimmten Nachmittages im Ausschnitt eines bestimmten Fensters zu beschreiben und, einmal angefangen, kann er mit der Beschreibung dieser Details durchaus nie ein Ende finden – das Individuelle ist unausschöpfbar. Natürlich stirbt dieser Mensch an seinem Gedächtnis, er war nicht in der Lage, sich irgendetwas anzueignen, irgendeine Erfahrung zu machen, von Begriffsbildung ganz zu schweigen. Wirklichkeit wird zur Erfahrung, indem sie angeeignet wird, sie setzt ein Bewußtsein des Besonderen als diesen ebenso voraus wie sie das Bewußtsein sich entwickeln läßt. Der Anfang ist immer ein Riß, eine Not, die einen zwingt, Erfahrungen zu machen im Sinne der Handhabung der Wirklichkeit von mir her. Auch für den individuellen Anfang gilt, daß aus der ‚Entzweiung' das Bedürfnis nach Philosophie entsteht. Ich kannte einen, der war ‚erfahren' im herkömmlichen Sinne, der hatte in Kanada Pferde gezüchtet und in Afrika Sisal gepflanzt, aber er hatte sein selbstgefälliges Spießerbewußtsein aus allen Fährnissen heil über die Runden gebracht: hier war Aneignung erfolgt im Sinne der selektiven Wahrnehmung gemäß einer Handvoll von primitiven Vorurteilen. Das Ergebnis war ebenso tödlich – jedenfalls für den Geist – wie das ‚unbestechliche Gedächtnis'. Erfahrungen muß man also ‚machen' – was offenbar etwas anderes ist als bloßes Sammeln, wie auch etwas anderes als bloßes Sich-zurecht-legen. Hinter der Erfahrung steht immer schon ein Individuum und genau dies ist die Voraussetzung dafür, daß aus Erfahrungen eine Übersicht wird.

Nun ist eine solche Übersicht wiederum nichts spezifisch Philosophisches. Jedes gebildete, auch praktisch gebildete Individuum hat eine Übersicht. Fragen wir nach der Eigentümlichkeit der philosophischen Übersicht, so fragen wir zunächst nach der Bestimmung durch den ‚Standpunkt', den das Individuum einnimmt, von dem her es seine Erfahrung ordnet, sich die Wirklichkeit strukturiert. Der Standpunkt hat mit Bewußtsein zu tun, mit gebildetem Bewußtsein, also mit aktuellem Selbstbezug. Das Normale ist die Bildung eines Standpunktes von einem bestimmten Interesse aus, das Wirklichkeit als je diese auf sich selbst bezieht. Auch hier ist es eine Bedingung weitergehender Entwicklung, daß es sich um ein bestimmtes Interesse handelt. Das Individuum, das sich für ‚alles' interessiert, wird ständig durch alles von allem abgelenkt und kommt so nicht dazu, für sich selbst zu sorgen, dem Individuum, das Wirklichkeit als diese nicht an sich herankommen läßt, weil es nur sich selber in abstracto durchhalten kann, kann es nicht gelingen, Wirklichkeit für sich zu nützen, wobei es natürlich auch als Individuum aus Mangel an Stoffwechsel mit der Wirklichkeit zugrunde geht. Dieses Zusammen von Sicheinlassen und Sich-behaupten gilt für jedes menschliche Weltverhältnis, also auch für das philosophische, insofern es sich Übersicht verschafft. Jene Übersicht, die den aktiven Umgang mit Wirklichkeit, also Praxis ermöglicht und verwirklicht, ist die zweite Umsetzung im Wirklichkeitsverhältnis und wie gezeigt, ist sie für alle entwickelte, selbstbewußte Praxis grundlegend. Die philosophische Praxis unterscheidet sich von der normalen dadurch, daß sie nicht auf Umsetzung von Wirklichkeit im Sinne des partikularen Interesses ausgeht. Der Philosoph geht an die erfahrene Wirklichkeit heran mit dem Bewußtsein, daß er als Individuum nicht bloß als dieses, sondern auch als solches existiert, sein Ausgangspunkt ist also die allgemeine Seite menschlicher Existenz. Er interessiert sich fürs Allgemeine und deshalb ist seine Übersicht, wenn anders sie denn gelingt, philosophisch. Ob und wann sie als gelungen anzusehen ist, ist eine Frage der darstellenden Verwirklichung der anderen Kriterien.

– *Einsichtigkeit*

Es ist eine der törichtesten Annahmen, so etwas wie ‚intersubjektive Übermittelbarkeit von Erkenntnissen' auf ein einziges Verfahren zu beschränken, eine Torheit, gegen die schon Aristoteles aufgetreten ist. Die Exaktheit der Verfahren in den positiven Wissenschaften beruht auf den Produktionsnotwendigkeiten eines bestimmten Weltverhältnisses, eben desjenigen des ‚Stoffwechsels mit der Natur' oder des ‚Fressens' im weiteren Sinne, das ja vor der Moral kommen soll. Die Verfahren setzen voraus, daß nicht nur vom Individuum als diesem, sondern auch vom Individuum als solchem abgesehen wird, als Grundlage der Intersubjektivität dient eine einzige Fähigkeit des Menschen, deren Ausfaltbarkeit und Entwicklungsfähigkeit in sich nicht darüber hinwegtäuschen kann, wie schmal sie im Grunde ist, die nämlich, innerhalb finalisierter Produktionsprozesse zweckgesteuert je ‚ja' oder ‚nein' sagen zu können. Da diese Fähigkeit in der Tat die Grundlage des Fortschritts aller Technik und der Akkumulierbarkeit dieser Art von Wissen ist, da sie ferner in Maschinen nachgebaut werden kann, deren technische Zelle eine ja-nein-Einsicht ist, ergibt sich im Laufe der Geschichte einer der verhängnisvollsten Alleinvertretungsansprüche von Partikularitäten, der der exakten Wissenschaft zur Bestimmung dessen, was Menschen wissen können, was ihnen zu wissen not tut, was sie wissen wollen dürfen.

Die entsprechenden Streitigkeiten sollen hier keineswegs reproduziert werden, es steht der Philosophie an, auch hier zur Offensive überzugehen und ihre Kräfte nicht durchaus im Kampf gegen diese gescheite Dummheit zu verschleudern.

Natürlich geht es der Philosophie auch um Wissen – folglich auch um Wissenschaft, wenn man will – und natürlich geht es um Intersubjektivität. Es handelt sich aber dabei nicht darum, daß in irgendeinem ‚trial and error'-Verfahren ja oder nein sagen gelernt wird, es geht nicht um so tiefgründige Reduktionen wie die einer Wissenschaft, die sich darauf gründet, daß, wer sich in den Finger schneidet, offenbar das Messer falsch gehalten hat. Die Intersubjektivität der Philosophie besteht darin, daß sie ihr Wissen in argumentativen Zusammenhängen einsichtig macht. Da ihre Voraussetzung in einem sehr genauen Sinne Freiheit ist, ist Freiheit auch Grundlage ihrer Intersubjektivität. Ihr Wissen ist daher gerade wegen seines Allgemeinheitscharakters nicht zwingend im Sinne von absoluter Notwendigkeit. Die Allgemeinheit auch der je individuellen Existenz ist eine aufweisbare Objektivität, aber die Entgegensetzung von individuellem Bewußtsein und Allgemeinheit macht die über die individuelle Partikularität hinausgehende Einsicht zu einer Sache der Freiheit – auch und insofern Freiheit – ganz konkret, also politisch, – darin zu sehen ist, daß das Individuum gerade als dieses auch voll anerkannt existieren kann. Denn nichts ist dümmer, als allen Individuen zumuten zu wollen, Philosophen zu werden, aber dies ist freilich nur die pseudodemokratische Fassung jener Torheit vom Philosophen als Herrscher – aktuell in der Ideologie des ‚mündigen Bürgers'. Bürger allein wäre mehr.

Wenn also das philosophische Wissen nicht zwingend ist, was ist es dann? Es ist eben einsichtig und d.h. plausibel. Plausibilität bedeutet die Verbindlichkeit von Wissen, das in Freiheit erarbeitet, erworben, angenommen ist. Da es also nicht um die Hammerschläge exakten Wissens geht, kommt es in der Philosophie offenbar auf folgendes an. Einmal auf die individuelle Bereitschaft; philosophisches Wissen muß gewollt werden. Dem entspricht auf der Seite der Objektivität der demonstrierbare Widerspruchscharakter von Wirklichkeit, aus dem heraus Fragen individuell erlebt, intersubjektiv angemutet und plausibel gemacht werden können, eine Haltung, die wohlgemerkt, nicht aufgezwungen werden kann. Dieses philosophische Fragen als Ausgang hat dazu geführt, anzunehmen, daß das Fragen in der Philosophie das eigentliche sei, sowie zu der problematischen Ansicht, daß Philosophie unter der Voraussetzung der Freiheit höchstens Fragen provozieren oder stellen, nicht aber Antworten geben oder zumuten könne. Aber Fragen werden erst sinnvoll durch mögliche Antworten und erst in Antworten zeigt sich Bedeutung und Verantwortung der Philosophie und dessen, was sie weiß. Wie die Frage aus der widersprüchlichen Wirklichkeit heraus einsichtig gemacht werden muß, so auch die Antwort durch die Demonstration der Denkschritte, d.h. durch den zur Sprache gebrachten Zusammenhang des Denkprozesses, d.h. durch Argumentation. Und in diesem Punkt ist die Philosophie allerdings völlig unerbittlich, sie mutet dem Individuum zu, sich auf die Argumentation ausführlich einzulassen, wenn anders denn gewußt werden soll. Die Kehrseite dieser Unerbittlichkeit ist für die Philosophie selbst der Zwang zur umfassenden Demonstration, erst aus dieser ist philosophisches Wissen einsichtig zu machen.

– *Konkretheit*

Die Konkretheit der Philosophie ist einmal ihr Wirklichkeitsbezug, von dem hier schon mehrfach die Rede war. Das heißt nicht, daß sie sich Gegenstände der Wirklichkeit aussuchen soll, über die oder von denen sie dann spricht. Es heißt vielmehr, daß sie vor allem den Bestandteil der Wirklichkeit zur Sprache zu bringen hat, der nicht positiv – im Sinne des Gegebenen – mit Händen zu greifen ist. Die menschliche Wirklichkeit ist von Grund auf von der Art, daß ihre Gegenstände der Ausdruck von Verhältnissen und Beziehungen sind, daß sich das Einzelne vom Allgemeinen her und durch das Allgemeine darstellt. Nichts verfehlt die Aufgabe der Philosophie mehr, als wenn sie Allgemeinheiten fingiert. Jeder allgemeine Begriff, der zur Sprache kommt, muß demonstrierbar sein *an* und *aus* wirklichen Verhältnissen. Die Philosophie kann niemanden mit der Nase auf ihre Wahrheit stoßen, aber wo sich jemand bereits die Nase an der Wirklichkeit gestoßen hat, da kann sie demonstrieren, daß er sich, wenn er wissen will wieso, für ihr Wissen interessieren muß. Sie muß von jedem noch so esoterisch scheinenden Gegenstand aus mit zwei oder drei Schritten in der Lage sein, zu demonstrieren, daß es hier um etwas geht, das jeden angeht. Das künstlerische, ästhetische oder religiöse Weltverhältnis ist nicht andemonstrierbar, seine Erkenntnisdimensionen beruhen auf der Ausstrahlkraft seiner Realisierung. Das philosophische Weltverhältnis bietet sicher weniger individuelle Erlebnis- und Befriedigungsdimensionen, dafür aber ist sein Wissen einsichtig zu machen: Das alte, harte Brot der erkannten Wirklichkeit.

Die zweite Bedeutung von ‚Konkretheit' ergibt sich aus dem Gegensatz von ‚Abstraktheit'. Kein Vorwurf wird so oft gegen die Philosophie erhoben wie der der Abstraktheit, und leider trifft auch keiner so häufig zu. Die allgemeine Wahrheit der Philosophie ist Teil der Wirklichkeit, ein Teil, den zu erkennen allerdings Schulung erfordert – die der Philosoph notfalls jederzeit liefern muß – der aber als wirklich alles andere als abstrakt ist. Die Demonstration der Allgemeinheit ist das Aufschließen und Entfalten des Einzelnen, des Besonderem als diesen, nicht aber das Absehen davon. Es kommt vielmehr darauf an, zu zeigen, daß das Bestehen auf dem Besonderen als Besonderen gerade eine Abstraktion ist, die sich um die allgemeine Dimension der Wirklichkeit nicht kümmert. Indem die Philosophie gegen die Abstraktion des bloß Individuellen, des Partikularen, des bestimmten Interesses der Selbstbehauptung, das Allgemeine und die Anerkennung unverkürzter Wirklichkeit zur Sprache bringt, wird sie konkret: Die Wahrheit ist konkret.

Daß sie von daher auch das Individuelle, das Besondere, das bestimmte Interesse gelten läßt, ja es durch den Aufweis seiner wirklichen Verbindung zum Allgemeinen erst richtig zur Geltung bringt, bedeutet einmal, daß sie im Verlauf ihrer Demonstration allerdings aus analytischen Gründen abstrahieren kann und muß, woraus sich aber die Forderung ergibt, solche analytischen Abstraktionen unbedingt wieder methodisch zu kompensieren, wenn der Vorwurf der ‚bloßen Abstraktheit' nicht treffen soll. Zum anderen aber heißt es, daß die Philosophie auch die Geltung des Besonderen gegen das Allgemeine zu verteidigen hat – philosophisch auf's eindringlichste demonstriert in Adornos ‚Negativer Dialekt', politisch aktuell in der Verteidigung der Freiheit gegen die Übergriffe der organisierten Partikularitäten der Gesellschaft. Die Philosophie lebt aus der Spannung der Geltungsanpsrüche des Besonderen zu denen des Allgemeinen: Die Wahrheit ist das Ganze.

Auf dem Hintergrunde dieser Ausführungen wird deutlich, daß es nur wenige so überzeugende Kurzformulierungen der Arbeit der Philosophie oder der Anstrengung des Begriffs gibt, wie die von Karl Marx, der programmatisch forderte, daß die Arbeit der Philosophie – die er Dialektik nannte – darin bestünde, ‚vom Abstrakten zum Konkreten aufzusteigen'.

– *Vollständigkeit*

Was hier gemeint ist, ist das, was herkömmlicherweise mit dem Begriff des ‚Systematischen' gemeint ist. Nun gibt es wenig, das so einhellig auf Abwehr der gegenwärtigen Philosophen stößt, wie die Zumutung, Philosophie habe systematisch zu sein. Man verweist auf die alte Auffassung eines philosophischen Systems als auf eine zeitbedingte, die keinesfalls gegenwärtig aufrecht zu erhalten sei. Als Kronzeuge wird dann wieder häufig Adorno genannt – weniger gerne Nietzsche –, der die Unmöglichkeit einer systematischen Philosophie des Ganzen eindringlich demonstriert habe. Aber Adorno wird hier nicht zurecht in Anspruch genommen. Es trifft zu, daß er die Unmöglichkeit systematischen Philosophierens in einem bestimmten Sinne vertrat. Aber er ließ es dabei nicht bewenden. Vielmehr ist sein ganzes Denken ein verzweifelter Balanceakt zwischen dieser Überzeugung von der Unmöglichkeit des Systems und dem Bewußtsein, daß es für die

Philosophie eine absolut unabweisbare Forderung ist, die Wahrheit des Ganzen zur Sprache zu bringen. Daher denn seine berühmte Formulierung ‚Das Ganze ist das Unwahre' – als Ausdruck jenes denkerischen Balanceaktes. Adorno ist also – zumindest auch – als Zeuge für diese unabweisbare Aufgabe der Philosophie heranzuziehen. Adorno war zwar philosophisch ein Verlierer – enfant perdu –, aber er war niemals ein philosophischer Defätist.

Um mit der Forderung nach System oder Vollständigkeit nicht den Eindruck eines abstrakt-naiven ‚dennoch' zu machen, muß die Bedeutung von ‚System' und ‚systematisch' erörtert werden.

Die häufigsten Vorstellungen, die bei ‚System' auftauchen, und die der Schulbegriff des ‚Systems' im neunzehnten Jahrhundert auch nahelegte, sind einmal die aus der Architektur und dann die aus dem Bibliothekswesen.

Ein architektonischer Systembegriff geht nicht nur von der Vorstellung eines Gebäudes aus, in dessen Flügeln, Stockwerken, Fluchten und Zimmern alles anzutreffen ist – mag auch der eine oder andere Raum noch nicht ausgestattet sein – sondern auch von der Vorstellung einer Ordnung, die auf einer soliden Grundlage und Kenntnis der Fundamente alles weitere aufbaut; es gibt da immer ein eindeutiges Oben und Unten. Die bibliothekarische Vorstellung des philosophischen Systems ist die des Katalogs einer Bibliothek, in der jedes Buch steht, oder zumindest das Schlagwortverzeichnis einer solchen Bibliothek aller denkbaren Bücher. Überzogen und ins Satirische bzw. ins Mythisch-Absurde gehoben wurde diese Vollständigkeitsauffassung von Swifts Beschreibung der Maschine aller möglichen Wörter im dritten Buch von Gullivers Reisen bzw. von Borges in der Erzählung ‚Die Bibliothek von Babel'.

Wichtig scheint es, diese beiden Vorstellungen als herrschende in unserem Zusammenhang zu destruieren. Philosophisches Denken kann wie wissenschaftliches Vorgehen ‚systematisch' sein, ohne daß ein solches System mit dem Charakter des abgeschlossenen Hauses oder der vollständigen Sammlung angestrebt wird. Ein Schlüsselgedanke, ein Prinzip, ein Standpunkt, ja eine Fragestellung kann je systematisch sein oder auch, wie Michael Oakeshott, die Exklusivität der architektonischen Systemvorstellung attackierend, sagte, ein Ariadnefaden. Systematisches Vorgehen heißt dann, den entsprechenden Wirklichkeitsbereich ausnahmslos, also ohne Auslassungen oder Lücken, gemäß dem Prinzip, dem Faden, der Fragestellung, abzusuchen. Daß diese Art von systematischen Vorgehen zu Systemblindheit führen kann, ist klar. Plastisch führt das Poe in der Geschichte ‚The Purloined Letter' vor, in der der Polizeipräfekt G. trotz systematischster Suche ein Dokument nicht finden konnte, ob es gleich ganz sicher in der betreffenden Wohnung war. Mit Recht sagte dazu allerdings Chandler, daß jeder auch nur mittelmäßige Detektiv den Brief doch gefunden haben würde – so auf die Unwahrscheinlichkeit der Poe'schen Konstruktion hinweisend. Als Beispiel für Systemblindheit aber hat die Geschichte zweifellos größeren Illustrationswert als als Beispiel für die überzeugende Konstruktion einer Detektivgeschichte.

Was bei jeder dieser genannten Vorstellungen von systematischem Vorgehen impliziert bleibt, ist ein Begriff von Vollständigkeit, der sich in dem Wort ‚ausnahmslos' ausdrückt. So läßt sich für jede große Philosophie das Kriterium der Vollständigkeit nachweisen, sei es im architektonischen oder extrem objektivierten Begriff eines Systems, das etwa dem ‚Periodischen System der Elemente' in der Naturwissenschaft gleicht, oder, am anderen Ende einer möglichen Skala, der Systembegriff, der sich auf den Satz reduziert: ‚Ein Prinzip und tausend Einfälle. Die Zahl tausend ist hier so zufällig wie die ‚Eintausenddrei' des Don Giovanni nach Kierkegaard, was heißen soll, daß sich für jeden Systemansatz so etwas wie die objektive Unabschließbarkeit zeigen läßt. Ein solcher Nachweis aber könnte die Philosophie nur irritieren, wenn sie es als ihre Aufgabe ansähe, mit ihrer Menschlichkeit Schluß zu machen – sie etwa ‚aufzuheben', gemäß irgendwelcher ausgedachten Endzeitvorstellungen oder sonstigen Absurditäten. Da sie von sich her ebensowenig wie von der Wirklichkeit her irgendeinen Grund für das Opfer ihrer Einsichtigkeit angeben kann, besteht sie auf dem Streben nach Vollständigkeit, weil und insofern sie ihr Ziel, Wahrheit, nicht aus den Augen verliert.

– Strenge

Obgleich der Begriff einer ‚Strenge' auch im zeitgenössischen Denken gelegentlich auftaucht – so in dem sonst ziemlich verrückten Marxismus von Althusser – ist er eigentlich als die unzeitgemäße Kategorie schlechthin anzusehen. Nichts liegt der permissiven Gesellschaft so fern wie Strenge, in allen denkbaren Zusammenhängen. Lediglich in den nachweisbaren Exaktheitsanforderungen technischer Zusammenhänge hält sich eine rudimäre Strenge, oder in so marginalen Bereichen wie den Regeln des deutschen Skatverbandes, die insgesamt unter dem ersten Gebot stehen, daß ‚streng' nach den Regeln gespielt werden muß.

Es kann hier weder darum gehen, Bedeutungsgehalte und Bedeutungswandel von Strenge in psychologischer, sozialpsychologischer oder politischer Hinsicht aufzublättern, noch darum, in catonisches Klagen einzustimmen.

Drei Aspekte von Strenge sollen jedoch aufgeführt werden, der formale, der inhaltliche, und der kritisch-ethische.

Als formales Prinzip bedeutet Strenge im hier eingeführten Zusammenhang der Kriterien für die Arbeit der Philosophie nichts anderes als die genaue Beobachtung der vier vorausgegangenen Kriterien im Sinne der allgemeinen Maxime, nie das Ziel aus den Augen zu verlieren. Dies Ziel ist jedenfalls aber die Konstruktion von Wahrheit.

Inhaltlich muß sich Strenge auf eine unabweisbare Grundsituation der Philosophie beziehen, nämlich die ihres Ausgangs von Freiheit auch im zunächst ganz abstrakten Sinne bloß individueller Spontaneität. Von der abstrakten Freiheit des Einzelnen ausgesehen ist, als Konsequenz des interessierten, bzw. reflexiven Selbstbezugs, alles möglich. Strenge wäre dann die Kontrolle subjektiven Denkens im Sinne der allgemeinen Kriterien und der Fixierung auf das Ziel der objektiven Wahrheit. Es geht also nicht um Schulmeisterei, sondern um Überwindung einer ursprünglichen Anarchie durch das Aufschließen und Entfalten der Subjektivität in der Anerkennung des Ganzen. Das, was durch die Strenge verhindert werden soll, ist also nicht die Schöpferkraft, sondern der schon von Hegel ironisierte ‚Brei des Herzens' oder die entsprechenden Äquivalente.

Der kritisch-ethische Aspekt von Strenge ergibt sich aus ihr selbst und aus dem bisher Gesagten. Unter dem Aspekt philosophischer Wahrheitssuche ist der Gegenbegriff zu Strenge ‚Parteilichkeit'. Das impliziert, wie angesichts der gegenwärtigen Situation leicht eingesehen werden kann, eine eindeutige Frontstellung der Philosophie. Indem sie auf sich selbst besteht und sich an ihren unverlierbaren Aufgaben orientiert, wird ihre Strenge unausweichlich zur Militanz – Strenge ist das Kriterium des offensiven Denkens.

6. Totalität

Die genannten Kriterien der philosophischen Arbeit können nur analytisch auseinandergehalten werden. Notwendigerweise muß sich in ihrer Beschreibung die Argumentation wiederholen, sie sind ebenso aufeinander bezogen, wie sie ihren gemeinsamen Sinn von jenem einen Ziel der Philosophie erhalten, das, fest ins Auge gefaßt, in der Zusammenarbeit der Kriterien diesen den Weg weist. Das Ergebnis ist nicht etwas, das, am Ende des Weges, dann plötzlich da ist, kein Endziel, das ablösbar wäre und das vor sich hingestellt werden kann, wie ein Schatz, den man aus dem Boden holt und der, als dieser betrachtet, nicht mehr erkennen läßt, wieviel Kubikmeter Erde bei seiner Gewinnung umgesetzt werden mußten. Was im übrigen selbst bei einem Schmuckstück aus Gold und Steinen eine abstrakte Betrachtung wäre – die Wahrheit wäre in diesem Fall das Aufzeigen von Beziehungen, Verhältnissen und Prozessen z.B. des Warencharakters, in den wiederum die Produktionsverhältnisse eingehen, usw. . Da die philosophische Arbeit bei jener Abstraktion von ‚Ergebnissen' nicht stehen bleiben kann, sondern von der Bestimmung ihres Weltverhältnisses her auf Wahrheit geht, ist der Verlauf der Darstellung, in der sie Beziehungen, Verhältnisse und Prozesse zur Sprache bringt, identisch mit der Wahrheit. Die Wahrheit wäre demnach die Methode – insofern Methode nicht bloß instrumentalisiert und von der Sache, nämlich der allgemeinen Dimension von Wirklichkeit, abgelöst wird, was wiederum abstrakt wäre. Besser wäre es, die Identität der Wahrheit mit der Darstellung hervorzuheben, was noch einmal zu dem Beispiel des Pilatus führt, dessen Problem es ja war, daß er angesichts der Wahrheit, die sich ihm real darstellte, die ihm vor der Nase stand, die er sozusagen ,in ictu oculi' hätte erfassen können und müssen, noch jene Frage stellte, deren philosophische Qualität ungefähr auf dem Niveau des mittleren Diskussionsleiters im öffentlichen Gesprächsbetrieb steht, der nur befrieidigt ist, wenn er am Ende ein ,Ergebnis' formulieren kann, das jeder mit sich nach Hause tragen kann in dem Bewußtsein, daß dies ,Gespräch' ihm etwas ,gegeben' hat. Wenn irgendetwas, dann ist die Darstellung die Wahrheit, weil sie in ihr zur Sprache kommt.

Alle genannten Kriterien zielen auf das Ganze und konstituieren nur in diesem, ihrem gemeinsamen Bezug Wahrheit. Auf welche Weise kann das Ganze – oder die Totalität – zur Sprache gebracht werden?

Eine Antwort kann im Zusammenhang dieser vorliegenden Schrift wiederum nur programmatisch, nicht systematisch sein. Sie wird deshalb notwendigerweise selbst abstrakt sein müssen. Unter dieser Voraussetzung können in der Absicht, die Frage zu beantworten, drei Punkte erörtert werden: Subjektive und objektive Voraussetzungen, der Verweisungscharakter der Wirklichkeit und als letzte Bedingung die historische Konkretheit der Totalität.

– *Subjektive und objektive Voraussetzungen*

Wenn Wirklichkeit als Ganzes begriffen werden soll, muß jedenfalls immer ihre Objekt- wie ihre Subjektseite geltend gemacht werden. Daß dies nicht das Auseinanderfallen der Wirklichkeit in ein positives Verhältnis ist, ist klar. Die analytische Vor- und Annahme eines Objekt-Subjekt-Verhältnis muß in der Philosophie des Ganzen überwunden werden. Wie überall in der menschlichen Welt, geschieht die Überwindung durch Arbeit. Die Voraussetzung auf der Objektseite der Wirklichkeit ist deren Charakter als Gegenstand, als Widerstand, als Widerspruch. Menschliche Wirklichkeit ist die Wirklichkeit von Entgegensetzungen und d.h. in der begriffenen Annäherung, von Widersprüchen. Das ist die Grundtatsache der menschlichen Wirklichkeit, von der ausgegangen werden muß: der Voraussetzungs- und Axiomcharakter, der hier angenommen werden mag, muß allerdings als dieser in der Darstellung weggearbeitet werden, d.h. die Darstellung muß in der begrifflichen Durchdringung der Wirklichkeit den abstrakten Rest, den dieser Ausgangspunkt als Voraussetzung haben mag, einlösen. Im übrigen kann leicht einsichtig gemacht werden, daß Widerstand und Widerspruch die einfachen Daseinsbedingungen des individualisierten Bewußtsein sind. Jeder, der ‚Ich' sagt, sagt auch ‚Ihr' und weiß, daß dies eine Entgegensetzung ist. Bewußtsein existiert nur als Selbstbewußtsein, und ein Selbst ist negativ-widerständig zu anderen und zum Ganzen. Diese Widersprüchlichkeit ist die Materie der Philosophie wie der Gegenstand die Materie der Kunst ist, an dessen Darstellung sie sich abarbeitet, und dessen widerständige Einzelheit sie in der Darstellung aufhebt, indem sie ihn so bearbeitet, daß er, als dieser voll da, doch in seiner Allgemeinheit erscheint und so ein Ganzes, oder Kunst ist. (Daß Kunst im übrigen den Gegenstand nicht in diesem Sinne braucht, hat sie gezeigt: Widerstände, an denen sie sich abarbeitet, in Auseinandersetzung mit denen sie ihr Werk erstellt, braucht sie allemal, auch als gegenstandslose.)

Die Objektseite der philosophisch-bedeutsamen Wirklichkeit ist Widersprüchlichkeit. Widersprüchlichkeit oder Entgegensetzung sind vordergründig das Gegenteil von Einheit oder das Gegenteil des Ganzen, aber die Tatsache des einfachen raumzeitlichen Zusammens verweist darauf, daß die Philosophie ‚das Ganze' nicht zu fingieren braucht. Sie muß das vordergründig nicht zu Tage Liegende freilich darstellen und das bedeutet, den Allgemeinheitscharakter des Einzelnen systematisch zur Sprache zu bringen.

Vor die Tugend haben die Götter den Schweiß gesetzt, die Voraussetzung auf der Subjektseite ist die Arbeit oder das, was Hegel die Anstrengung des Begriffs nannte. Einmal mehr trägt die Analogie zum Kunstwerk: dessen Wirklichkeit ist dann und deshalb schön, wenn, bzw. weil es in der Darstellung die Spuren der harten Arbeit getilgt hat. (Daß man diese Spuren in künstlerischer Absicht stehen lassen oder hervorheben, ja verselbständigen kann, zeigt moderne Kunstentwicklung, ändert aber nichts an der Brauchbarkeit der Analogie.) So ist es für die Philosophie durchaus notwendig, die Subjektseite der Anstrengung des Begriffs aufzuheben, nicht freilich, um das Philosophiewerk zu etwas zu machen, das dem Sekundärphilosophen leicht hinuntergeht, sondern weil die Entgegensetzung, die in der Anstrengung des Begriffs zum Ausdruck kommt, gleichfalls im Ganzen aufgehoben sein muß: der Philosoph darf, mit anderen Worten, nie vergessen, daß er selbst Teil des Ganzen ist und deshalb muß sein letzter Schritt sein, diese Subjektseite in das Ganze aufzuheben; er muß sozusagen über den Rahmen in das Werk hineinsteigen, so wie der Künstler, der sich in früheren Zeiten in seine Darstellung begab, indem er sich an den Rand des Bildes malte.

– *Der Verweisungscharakter der Wirklichkeit*

Ebenso wie klar ist, daß man nicht einfach mit dem Ganzen anfangen kann, ebenso muß gesehen werden, daß das Ganze nicht durch Addition der Einzelnen erreichbar ist. Die Frage, ob das Ganze mehr ist als die Summe seiner Teile, kann denen überlassen werden, die Sinn darin sehen, sich über solche Fragen zu streiten. Daß das Ganze etwas anderes ist als die Addition der Einzelnen als dieser ist allerdings eine Trivialität. Wenn schon das individuell – Einzelne unausschöpfbar ist, wie viel mehr dann erst recht deren – wieder unausschöpfbare – Addition. Das sind faule Unendlichkeiten.

Das Ganze ist philosophisch nicht in ictu oculi darstellbar, sondern in Abfolge, oder diskursiv – es müssen Stationen durchlaufen werden. Jedoch wenn die Wirklichkeit in ihrem Allgemeinheitscharakter angenommen werden muß – auch eine Voraussetzung, die sich als diese in der Darstellung aufhebt – ergibt sich die relative Beliebigkeit des Anfangs in der Philosophie. Hier gibt es einen Spielraum von Freiheit, der nicht von einer herauszufindenden Objektsystematik her überbrückt werden kann, sondern der es notwendig macht, daß ein philosophisches Interesse den individuellen Denkenden subjektiv motiviert, offensiv zu werden, die Wirklichkeit zu ergreifen. „Wo ihr's packt, da ist es interessant". Insofern Wirklichkeit Allgemeinheitscharakter hat, haben alle Besonderen Verweisungscharakter; werden sie in ihrer Allgemeinheit entfaltet, so wird das Denken, vielleicht nicht mit zwei oder drei Schritten, ganz sicher aber im Laufe der zielbewußten philosophischen Arbeit, des Ganzen ansichtig und das ist ein Vorgang, der nichts Numinoses an sich hat. Es ist deshalb möglich, die Wahrheit der Philosophie von jedem Gegenstand her zu demonstrieren: aus jeder Art von Praxis, d.h. von Alltag, wenn man will; innerhalb der Universität etwa zweckmäßigerweise von Einzelwissenschaften her, jedenfalls vom Individuum her und seinem Interesse.

– *Konkretheit des Ganzen*

Wenn es auf diese Weise, wie oben gesagt, auch möglich ist, durch systematische Auslegung und Darstellung des Verweisungscharakters des Wirklichen des Ganzen ansichtig zu werden, so hängt doch dessen Darstellbarkeit schließlich von einer weiteren Bedingung ab, deren Objektivität aufzuzeigen freilich wieder nur systematisch möglich ist. ‚Der Gedanke muß sich nicht nur zur Wirklichkeit drängen, die Wirklichkeit muß sich auch zum Gedanken drängen'. Die Metaphorik ist brauchbar: Der Gedanke muß die Wirklichkeit auch bedrängen – offensives Denken – aber er darf ihr nicht Gewalt antun, das wäre abstrakt. Philosophie ist immer auch eine Sache des ‚kairos', d.h. des historischen Zeitpunktes, der ihrem Ziel günstig ist bzw. sein kann. Es ist einleitend gesagt worden, daß unsere Zeit nach Philosophie schreit, dies läßt sich nunmehr auch nüchterner dartun. Es ist ja keine Frage, daß die Philosophie nicht zuletzt auch deshalb in so desolatem Zustand ist, weil ihre Wahrheit, die Darstellung von Totalität, stets nur annäherungsweise erreicht werden konnte, ihre Arbeit als Streben sich darstellte, ohne konkretes Ergebnis. Es soll jetzt nicht in erbaulichen Bildern à la Sisyphus über die Unabschließbarkeit philosophischen Bemühens orakelt werden. So viel ist sicher, daß Totalität als Wirklichkeitskategorie bisher stets nur programmatisch verfolgt werden konnte. Wenn das Ganze darstellbar sein soll – nicht bloß ausdenkbar – dann muß die Wirklichkeit entsprechend entwickelt sein, sie muß grundsätzlich – und zwar von sich selbst her – Züge von Totalität konkret entwickelt haben. Es müssen konkrete Entwicklungen plausibel demonstrierbar sein, die man sinnvollerweise Totalität nennen kann. Das ist in unserer Gegenwart erstmals in der menschlichen Geschichte der Fall. Das Stichwort ist Weltpolitik als konkrete Totalität, genauer: Ausbildung eines global geschlossenen Systems von Staaten als politischen Subjekten. Diese Entwicklung ist die Voraussetzung der heutigen Wahrheit von Philosophie und in dieser Erörterung zeigt sich der Sinn der einleitenden Formulierung, daß die Philosophie politisch sein oder werden müsse, wenn anders sie denn überhaupt (noch) oder wieder etwas sein will. Politik ist die ‚prima philosophia' der Gegenwart, alle andere ‚Erste Philosophie' war ein – von den weißen Flecken der Weltwirklichkeit erzwungenes – Ausweichen in ausgedachte erste Allgemeinheiten.

Eine der größten Schwierigkeiten in der Philosophie, wieder von sich her zu etwas zu kommen, ist die Schwierigkeit, die sie mit der Verwaltung ihres Erbes hat – übrigens auch, wie oben gezeigt – haben muß. So ist es durchaus unausweichlich, daß der Rezeption der hier niedergeschriebenen Gedanken nichts so sehr im Wege stehen wird wie die Arbeit der professionellen Nachlaßverwalter.

Natürlich ist es richtig, hier Hegel'sche ‚Totalität' zu sehen und Hegel-Marx'sche Dialektik. Ganz Kluge werden erkennen, was alles an Dialektik, mit Hegel verglichen, fehlt, und ganz Dumme werden die Spuren zum Anlaß nehmen, Marxismus zu vermuten. Es ist in der Tat nicht der Ehrgeiz dieser Schrift, einen irgendwie kompletten Hegelianismus zu reproduzieren noch ist es ihre Absicht, ein marxistisches Pferd ins bürgerliche Lager zu schmuggeln oder umgekehrt. Daß es sich hier um Dialektik handelt, ist richtig, aber Dialektik in diesem Sinne ist nicht zuerst ‚Hegelianismus' oder ‚Marxismus', sondern vor allem Philosophie. Die Dialektik des neunzehnten Jahrhunderts realisierte – entgegen den Perversionen der Marxisten und den Verweigerungen jener Bürgerlichen, die diesen schon auf den Leim gegangen waren – vor allem die Bedeutung dessen, was Philosophie von je her war. Sie war nichts anderes als die relativ entwickelte und folglich heute relativ unentwickelte, auch methodische Systematisierung der philosophischen Wahrheitssuche.

Wer sie als Hegelianische oder Marxistische für sakrosankt erklären will, will die philosophische Entwicklung einfrieren. Wer sie philosophisch für eine überholte Denkmethode halten möchte, müßte erst die größere Leistungsfähigkeit von Alternativen in Bezug auf die Darstellung der Wahrheit des Ganzen demonstrieren – im Werk, versteht sich, nicht in der Behauptung.

Es gibt immer viele Möglichkeiten, der Aufgabe der Philosophie auszuweichen. Es gibt nur einen Weg, sie anzupacken, das ist der Weg des offensiven Denkens. Und in Bezug auf das Ziel ist jedes Mittel recht, wenn es der Wahrheitsfindung dient.

Schluß

Die Menschen, als in Reflexionsstrukturen organisierte Natur, erleben ihre Existenz nie als selbstverständlich, sondern sie realisieren sie durch Nachdenken, Planen, Berechnen und vervollständigen sie durch Denken. Wenn anderes man denn von einer ‚ewigen Wahrheit' sprechen will, dann von einer, die mit der individuierten, also in Selbstbewußtsein verwirklichten Existenz der Menschen als solcher gegeben ist; ‚ewig' bedeutet dann: unabdingbar, solange Menschen existieren. Ebenso wie die Fragestruktur der menschlichen Existenz unabdingbar ist, ebenso ist Lernen, d.h. akkumulierende Daseinsbewältigung und Weltaneignung unausweichlich. Eine Aneignung, die im übrigen immer selektiv ist, es gibt auch eine existenzerhaltende Funktion des historischen Vergessens. Keine Natur ist den Menschen selbstverständlich, aber eben darum bringen sie sich durch Denken fort und Denken kann weitergegeben werden. Keine Generation muß oder kann neu anfangen in der Selbstbehauptung, sondern immer mehr oder weniger da, wo die andere aufgehört hat. Ob als Befreiung, als Last oder einfach als Aufgabe, menschliche Existenz ist Entwicklung oder Geschichte. Die Fragestruktur der Existenz ist nicht überholbar – ob sie gleich, als Arbeit, als erlebte Widerständigkeit, die Utopie einer ‚ewigen Wahrheit' hervorbringt – aber die Entwicklung macht, daß die Fragen nicht diesselben bleiben und schon gar nicht die Antworten.

Nun ist Entwicklung etwas Unaufhörliches und da hatte Heraklit recht. Aber das gleichmäßige Fließen des Stromes ist ein eindrucksvolles, aber unzutreffendes Bild menschlicher Entwicklung, denn diese beruht darauf, daß das Gelernte, das Ergebnis der einen Generation für die nächste zunächst einmal eine feste Grundlage ist, sonst könnte Entwicklung keinen Ansatzpunkt haben und es würden sich keine Veränderungen ergeben. Natürlich liegt das Problem im ‚zunächst einmal' und da können sich zu verschiedenen Zeiten die verschiedensten Umstände ergeben, bis die Million Mikroschritte der alltäglichen Veränderung sich zu einer neuen Ausgangslage gefestigt haben, die das Festhalten an der alten überflüssig und störend macht.

Nehmen wir das Beispiel einer Institution, dem wichtigsten Instrument der Selbstbehauptung des Menschen in einer Welt, die ihm nicht von Natur gegeben ist, sondern die er sich in Kultur aneignen muß. Die Institution ist die zum festen Gerüst ausgebaute Erfahrung von Generationen und ihre Festigkeit ergibt die Möglichkeit zu menschlicher Entwicklung. Aber wiederum hat Heraklit recht: man steigt nicht zum zweitenmal in denselben Fluß. Keine Institution kann heute das sein, was sie gestern war, ihre praktische Verwirklichung wird von Menschen ins Werk gesetzt, deren Entwicklung sich immer unter den Bedingungen der bereits hinter sich gebrachten Entwicklung vollzieht: diese Gesetzmäßigkeit ist absolut unhintergehbar. Da Festigkeit einer Instution gerade auch unter dem Gesichtspunkt des Wandels durchaus notwendig ist, verwirklicht sich auch diese Seite menschlicher Existenz notwendigerweise in Entgegensetzungen oder Widersprüchen. Um wieder auf das Problem von Fragen und Antworten zu kommen, in dem die Menschen unausweichlich ihre Existenz komplettieren müssen: Fragen sind nur beantwortbar, wenn sie der Situation, dem Stand der Entwicklung entsprechen. (Es ist vielleicht nicht unwichtig, darauf aufmerksam zu machen, daß Entwicklung hier aus den Zusammenhängen von Fortschrittsideologie herauszuhalten ist.) Antworten hingegen sind nur sinnvoll, wenn sie wirklich Antworten sind, d.h. die Fragen sind zunächst so zu beantworten, daß jene Komplettierung der Existenz geleistet wird. Die Menschheit im Ganzen, d.h. als lebbare Allgemeinheit oder als politisch ermöglichte Existenz von Menschen, lebt nicht von Fragen, sondern von Ergebnissen, auf Grund derer sie weiterarbeiten kann.

Antworten also müssen ‚zunächst einmal' stehen bleiben können, sonst sind sie keine. Aber die Fragen von heute sind niemals mehr exakt die Fragen von gestern, eine Entwicklung, die sich nicht zuletzt auf Grund der Antworten vollzieht. Antworten müssen deshalb eine hinreichende Allgemeinheit – wenn man will ‚Unexaktheit' – haben, wenn sie eine zeitlang stabil sein sollen. Mehr und mehr weicht die Fragestellung aber von der ursprünglichen Form ab, bis der Toleranzbereich jener Antwort überstrapaziert ist, sie wird dann nicht mehr als Antwort praktikabel und dann merkt man, daß sich auch die Fragen schon verändert haben.

Dann geht die Philosophie wieder an die Arbeit und es ist dann allerdings ein wichtiger erster Schritt, Fragen neu zu formulieren. Das ist der Sinn jener Meinung, die sagt, der Philosoph müsse vor allem Fragen stellen. Solange aber die Auffassung besteht, die Philosophie müsse neue Antworten auf so etwas wie ‚ewige Menschheitsfragen' suchen, solange bleibt diese Bestimmung von Philosophie vordergründig und keineswegs radikal. Solange dann etwa auch noch verlangt wird, sie solle ‚gültige Antworten' auf ‚ewige Fragen' geben, solange wird sie entweder Unsinn reden oder sich wehren. Es läßt sich zeigen, wann und wieso jener Fragestruktur menschlicher Existenz sinnvollerweise mit Antworten begegnet wurde, die ‚ewig' waren. Das war die Zeit, in der auch Institutionen von Ewigkeit her sanktioniert waren. Seit dieser Zeit gibt es die Möglichkeit, bei gegenwärtigen Unsicherheiten jammernd der verlorenen Zeit hinterher zu laufen, in der die Antworten noch ‚ewig' waren. Aber die Menschen sind über diese Antworten zur Tagesordnung übergegangen und das war nicht zuletzt der Sinn dieser Antworten. So entwickelten sich immer wieder Bedingungen, unter denen die alten Antworten nicht mehr trugen, weil auch die Fragen neu formuliert werden mußten.

Reaktionär ist, wer etwas durchsetzen will, das faktisch nicht mehr zu haben ist – im Gegensatz zum Konservativen, der das behalten will, was noch ist. Deshalb ist übrigens der Reaktionär gleich dem Utopisten, der gleichfalls etwas durchsetzen will, das nicht zu haben ist – was Marx übrigens genau wußte. Weil die Philosophie, wie gezeigt, notwendigerweise, der allzuschnellen Korrektur durch die Entwicklung relativ entzogen sein muß, gibt es nirgendwo so viel Reaktion wie in der schlechten Philosophie. Das fällt nur deshalb weniger auf, weil die Gesellschaft diese Philosophie überhaupt so wenig ernst nimmt: zu ihrem Schaden natürlich, denn wo strenge Philosophie zugunsten schlechter Philosophie nicht gehört wird, füllt sich das Komplettierungsbedürfnis der Menschen mit Fetischen auf, Konsumattitüden, Ideologien, Radikalismus usw.

Das herkömmliche Bild des Philosophen verbindet sich eher mit Zügen der Beschaulichkeit: ‚Hieronymus im Gehäus'. Diese Züge sind zutreffend und notwendig, insofern sie bedeuten, daß das Philosophieren aus den Unmittelbarkeiten der Arbeit an der täglichen Lebensbewältigung herausgehalten werden muß. Natürlich nicht zu dem Selbstzweck individueller Vervollkommnung oder individuellen Daseinsgenusses – was nur eine andere Art wäre, der Unmittelbarkeit zu verfallen – sondern weil er seine Aufgabe, das menschliche Dasein theoretisch zu komplettieren, d.h. also, dessen Wahrheit zur Sprache zu bringen, in der Regel durch dies Enthobensein besser lösen kann. Daß offensives Denken mit dieser äußeren Form zurückgezogenen herkömmlichen Philosophendaseins zusammengehen kann, zeigt sich an Kant; Heinrich Heine hat diesen Zusammenhang unübertroffen formuliert. Auch die Formen philosophischer Einzelexistenz ändern sich mit den Zeiten: Heutzutage dürfte das Gehäus, das sich in den Räumlichkeiten von Einzelwissenschaften einrichten läßt, nicht durchaus ungeeignet sein, die Realisierung einer solchen Existenz zu versuchen.

Fassen wir zum Schluß die Fronten zusammen, an denen Philosophie offensiv sein muß, so sind es folgende drei:

- die eigentlich philosophische
- die kritisch-polemische
- die politische

– *Offensives Philosophieren*

Die eigentlich philosophische Offensive oder offensive Philosophie ergibt sich aus der Bestimmung der Philosophie als solcher. Die Wirklichkeit gibt ihre Wahrheit nicht von selbst her. Man muß auf sie zugehen, Schneisen schlagen, Schutt wegräumen, aggressiv sein, sie belauern, verfolgen, bearbeiten, ihr die Bedingung ihres Erscheinens vorschreiben. Philosophie ist ein Werk und Werke fallen nicht in den Schoß.

Wenn die Philosophie in dieser Weise radikal ist, und wenn sie so Wahrheit konstruiert, gewonnen, aufgestellt hat und vorstellt, hat sie notwendigerweise eine Million Feinde: Alle Partikularität, die nur auf sich selbst besteht. Um dieser geballten Feindseligkeit des unaufgeklärten Interesses zu entgehen, hat sie sich durch die Jahrhunderte hindurch angewöhnt, ihre Wahrheit nur in einer allgemeinen Abstraktion zur Sprache zu bringen, die jener Dummheit nicht zugänglich war und die diese deshalb meist auch glaubte, nicht beachten zu müssen. So setzten sich der notwendige Allgemeinheitscharakter der Nichtalltäglichkeit der Philosophie, der historische Komplex ‚ewige Fragen – gültige Antworten' und die Flucht in die Unverständlichkeit zu einem Syndrom zusammen, das zu einem Selbstverständnis und zu einer Praxis führte, die hier beschrieben wurde und der gegenüber nun die zweite Front der Offensive eröffnet werden muß.

– *Die kritisch-polemische Offensive*

Diese Offensive gegenüber dem Schutt der Vergangenheit und gegenüber jenen, die die Wüste aus Steinen und Schlangen noch für einen Garten ausgeben wollen, ist einerseits natürlich nicht schon Philosophie. Sie hat den Charakter einer Vorarbeit, die freilich getan werden muß. Andererseits braucht man, um die Unphilosophie mit Gründen zu bekämpfen, eine klare Sicht der eigentlichen Aufgabe, wenn die Offensive nicht in der kleinen Münze kritischer Scharmützel von Autor zu Autor ausgegeben werden soll, Plänkeleien, die auf der Basis einer stillschweigenden eskapistischen Gemeinsamkeit erfolgen können, die alles kritisieren kann, solange nur niemand den Anspruch substanziellen Philosophierens erhebt.

– *Die politische Offensive*

Die dritte Front für das offensive Denken ist die politische. Sie ist grundlegend. Unter systematischem Gesichtspunkt ist es kaum zu verantworten, erst jetzt, am Schluß, von ihr zu reden. Sie aber zur Sprache zu bringen hätte mehr Darlegungen von Philosophie selbst erfordert, als in dieser Vorarbeit geleistet werden sollte. Wenn aber Philosophie politisch ist, dann wird sie unter dem Zwang der Gegenwart offensiv sein müssen.

Es ist sicher niemandem verborgen geblieben, daß das offensive Denken als Philosophie ‚bürgerlich' in einem emphatischen Sinne ist. Das kann nur jemandem als Relativierung eines philosophischen Anspruchs erscheinen, der keine Zeile des Bisherigen verstanden hat. Die Wahrheit ist konkret. Bürgerliche Philosophie kann nur bedeuten, daß man Wahrheit unter der Bedingung der Freiheit will – d.h. daß man Wahrheit wirklich will. Bürgerliche Philosophie ist also keine caprice einer verblassenden Weltgestalt, sondern vor allem die Einsicht, daß, wer die Welt denkbar halten will, dafür kämpfen muß, daß sie frei bleibt. Nun ist ‚die Welt' nicht mehr bürgerlich, das Bürgerliche als dieses ist nicht mehr die Menschheit als solche, es ist zur Partikularität geworden. Die bürgerliche Welt ist nurmehr eine ‚Erste Welt', deren Alleinvertretungsanspruch für Menschsein von den massiven Entwicklungen und machtpolitischen Verfestigungen vor allem der sozialistischen Länder der sekundären, aber auch von den aggressiven Nationalismen der tertiären Entwicklung konkret bestritten wird.

Das Verhalten gegenüber den aggressiven neuen Weltmächten des zwanzigsten Jahrhunderts ist für die alte Welt der Bürger mit ihrem Begriff von Freiheit und Wahrheit notwendig zunächst defensiv. Es ist eines der traurigsten Kapitel bürgerlichen Denkens, daß es in dieser Situation nicht einmal zu einer geschlossenen Defensivleistung sich aufrafft. Allerdings ist die Verteidigung von Partikularität auch nicht die Aufgabe bürgerlicher Philosophie und so könnte deren Miserabilität in der Gegenwart durchaus auch mit der Verwirrung zu erklären sein, in die sie mitsamt der bürgerlichen Welt durch die neue Entwicklung gestürzt worden ist.

Mittlerweile ist es aber ebenso eindeutig, daß die bloße Defensive nicht mehr ausreicht, um Selbstbehauptung zu gewährleisten, wie es sich von der Selbstbesinnung der Philosophie her ergibt, daß sie eben nicht bei der Verteidigung von Partikularitäten, *auch nicht der eigenen* stehenbleiben kann. Es bleibt der Philosophie also in einem absolut genauen Sinne gar nichts übrig, als zu einer Theorie des Ganzen, der konkreten Totalität und d.h. heute zu einer Theorie der Weltpolitik vorzustoßen.

Diese Sätze können nicht weltpolitisch aggressiv ausgelegt werden – das offensive Denken ist mindestens ebenso auf Frieden gerichtet, wie man uns dies etwa von der Theorie der ‚Friedlichen Koexistenz' einreden will. Das offensive Denken ist ebensowenig im bürgerlichen Sinne imperialistisch wie defätistisch. Indem es seine Partikularität erkennt, bestreitet es anderen Partikularitäten ihre Totalität – wie Philosophie dies immer schon getan hat. Es nimmt Totalität auch nicht für die eigene Seite in Anspruch – es macht aber Selbstbehauptung für alle Seiten geltend. Wenn Selbstbehauptung der Systeme und der Staaten gegeneinander die bestimmende Weltwirklichkeit der Gegenwart ist, dann geht Philosophie auf die Allgemeinheit dieser vordergründigen Realität – die Allgemeinheit der Selbstbehauptung ist ein Weltsystem von Anerkennung. Insofern Philosophie auf Freiheit und Wahrheit geht, geht sie auf Frieden. Den Frieden als Anerkennungssystem zu denken, ist eindeutig nur von Seiten der bürgerlichen Philosophie her möglich, diese hat in diesem Sinne auch der bloß aggressiven Ideologie überall in der Welt vorauszugehen. Das offensive Denken liegt als Denken an der Spitze. Mit weniger kann es sich nicht zufrieden geben. Die Anerkennung der Gegensysteme ist sein Programm, die eigene Selbstbehauptung seine Basis.

Offensives Denken bedeutet die Aufnahme der alten Aufgabe der Philosophie unter den Bedingungen des zwanzigsten Jahrhunderts, in dem Bewußtsein der eigenen, durch nichts ersetzbaren Leistung der Philosophie und dem Selbstbewußtsein jener bürgerlichen Welt, die auch das Erbe der Philosophie ist, insofern sie immer auf Wahrheit in Freiheit ging. Sowohl das politische Selbstbehauptungsstreben oder der ‚Freiheitskampf' der Völker der ‚3. Welt' wie das Geltendmachen der individuellen Selbstbehauptung der Bürgerrechtskämpfer in der sozialistischen Welt zeigen, daß das Erbe und die Wirkung der bürgerlichen Philosophie weltweit unverlierbar sind.